Ein Projekt des
Polizei im Wandel der Zeit
Neubrandenburg e. V.

HELMUT BORTH

Tot
geschwiegen
DER MORDFALL GÜNTER HARDER

Die Deutsche Nationalbibliothek verzeichnet diese Publikation in der Deutschen Nationalbiografie; detaillierte bibliografische Daten sind im Internet unter http://dnb.d-nb.de abrufbar

© 2021 Helmut Borth (www.meckpress.de)

Titelgestaltung: Gregor Leichsnering (www.geizneringdesigns.de)
Korrektorat: Claudia Erbe Geißler
Satz & Layout: Felizita Rinck (www.werbe-rinck.de)
Herstellung und Verlag: BoD Books on Demand, Norderstedt

ISBN 9783752625394

Inhalt

Schall und Rauch?

Am 14. Juli 1995 fand in Neubrandenburg das letzte Speedway-Rennen statt. Im Günter-Harder-Stadion kämpften internationale Spitzenfahrer um den Ostseepokal, den damals der Norweger Rune Holta gewann. Wenig später wurde das Stadion an der Woldegker Straße abgerissen. Im Jahr darauf begann der Bau des AOK-Service-Centers Nordost und eines Parkplatzes. Das Versprechen der Stadt, den Speedway-Freunden ein neues Zuhause zu bauen, wurde bis heute nicht eingelöst.

Mehr noch, mit dem Abriss der traditionsreichen Sportstätte ging ein Stück Neubrandenburg verloren, zu dem fast jeder Einwohner damals seine persönliche Beziehung hatte. Das waren nicht nur die Speedway-Fans, deren Rennen oft genug bis zu 10.000 Besucher anlockten. Das waren Jungen der Arbeitsgemeinschaft Kfz-Technik der POS II „Fritz Reuter", die auf der Bahn unter Anleitung von Freunden des ADMV ihre aufgebauten Mopeds SR 2 oder RT 125 testeten. Das waren ebenso die Fußballfans des SC Neubrandenburg, die 1964 in einem Heim-

Diese Mannschaft des SC Neubrandenburg schaffte 1964 den Aufstieg in die DDR-Oberliga.

spiel gegen Motor Köpenick den Sieg ihrer Mannschaft und deren Aufstieg in die DDR-Oberliga erlebten. Ganz zu schweigen von den Besuchern der „Fischi", der HO-Gaststätte „Gastmahl des Meeres" in den Katakomben der Stadiontribüne. Der gegrillte Heilbutt war legendär.

Als verantwortlichem Redakteur des „Neubrandenburger Express", das erste Anzeigenblatt des damaligen Noch-Bezirkes Neubrandenburg, bescherte mir das Stadion am 19. September 1990 den Aufmacher für die Seite 1: ein großes Foto von Udo Lindenberg mit ausgebreiteten Armen. Auf einen Arm hatte der Layouter einen Pleitegeier gesetzt. Der Konzertveranstalter in Neubrandenburg war am Abend des Konzerts mit dem Panikrocker am 14. September mit der Kasse abgetaucht.

Mit dem Abriss des Stadions an der Woldegker Straße verschwand der Name Günter Harders endgültig aus dem Neubrandenburger Stadtbild, nachdem die 5. Tagung der Ratsversammlung am 6. Juni 1991 beschlossen hatte, die Günter-Harder-Straße in der Oststadt zum 3. Oktober 1991 in Niels-Stensen-Straße umzubenennen.[1] In der Straße, die heute den Namen eines in Dänemark geborenen und in Schwerin gestorbenen katholischen Bischofs des 17. Jahrhunderts trägt, wurde am 22. April 1970 der Grundstein für die Oststadt gelegt.

Kaum einem Neubrandenburger wird der Name des Mediziners, Naturforschers und Theologen, der zehn Sprachen beherrschte und als Seliger verehrt wird, etwas sagen, vielleicht könnte Rainer Prachtel Aufklärung zum Thema neuer Straßenname bringen. Der praktizierende Neubrandenburger Katholik, dem die SED aufgrund seines Glaubens die gewünschte Ausbildung verwehrt hatte, wurde 1990 Präsident des Landtages von Mecklenburg-Vorpommern und damit ranghöchster Politiker in Schwerin. Darüber hinaus war er 1990 Vorsitzender der CDU-Fraktion der Neubrandenburger Ratsversammlung und Mitglied des Rates der Stadt. Seinem ehemaligen Bischof, dem

1988 verstorbenen Apostolischen Administrator in Schwerin, Heinrich Theissing, war es kurz vor seinem Tod gelungen, Nils Stensen in Rom selig sprechen zu lassen. 1980 hatte Theissing als Bischof die neue Kirche St. Josef und St. Lukas in der Heidmühlenstraße geweiht. Erst nach langjährigen Verhandlungen mit der Stadt erteilte man der Gemeinde in den 1970er-Jahren die Genehmigung zum Bau dieses Gotteshauses und bot ihr Bauland am damaligen Stadtrand an.

Niels Stensen statt Günter Harder also ein Fanal für den Aufbruch in eine neue Zeit? Wenngleich nach Goethe Namen Schall und Rauch[2] sein sollen, der Name Günter Harder ist ohne Zweifel in der Stadt bekannter als der von Niels Stensen. Wer in der Vier-Tore-Stadt Jahre seiner DDR-Vergangenheit verbrachte, der wurde mit ihm konfrontiert. Den Stadionnamen gab es 43 Jahre lang, den Straßennamen 20. Pionierfreundschaften und Produktionsbrigaden, zum Beispiel im RWN, wurden nach dem Neubrandenburger benannt, ebenso ein Motorsportclub, eine Einheit der Volksmarine und eines ihrer Schiffe. Anlässlich von Günter Harders Todestag fanden Gedenkveranstaltungen statt.

Heute ist Günter Harder aus dem kollektiven Gedächtnis der Stadt gestrichen. Nichts erinnert mehr an den jungen Seepolizisten, der am 24. März 1951 in der Nähe des Pferdemarktes erschossen wurde, als er einem

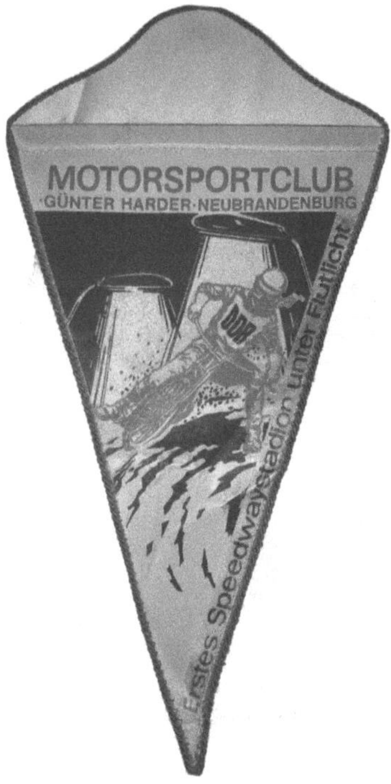

Sogar einen Motorsportclub im ADMV, der den Namen Günter Harders trug, gab es in Neubrandenburg.

anderen Volkspolizisten zur Hilfe kam, der zwei Straftäter verfolgte. Die Straße wurde umbenannt. Das Straßenschild landete nicht in der Museumssammlung, sondern auf einem Schutthaufen. Das Stadion wurde abgerissen. Die Pionierfreundschaften lösten sich mit der Wende auf, wie auch der Motorsportclub und die Volksmarine. Der Grabstein wurde nie unter Denkmalschutz gestellt. Das Grab ist heute verschwunden. Die Stadt nahm sogar ihr Geschenk an Marie Harder zurück. Beim Einzug in eine Ein-Raum-Wohnung in der Straße, die nach ihrem Sohn benannt worden war, hatte man ihr urkundlich Mietfreiheit bis ans Lebensende zugesichert. Gleich nach der Wende kam Post, ab sofort müsse Miete gezahlt werden. 1995 starb Marie Harder.

Das Grab der Familie Harder auf dem Neuen Friedhof stand nie unter Denkmalschutz.

Günter Harder verlor nicht nur sein Leben. Mit dem Ende der DDR hat man ihm auch den Nachruhm genommen, den er sich mit seinem beherzten Einsatz verdient hatte. Er verlor mit der Wende die ihm zustehende Anerkennung und seinen Platz in der Stadtgeschichte, weil zuvor sein Leben und Sterben vier Jahrzehnte missbraucht wurden und man ihn zu einem vorbildlichen Genossen, einem sozialistischen Vorbild stilisierte und seine Mörder als Agenten und Mordbanditen[3]. Dabei war Günter Harder nie Mitglied der SED und die Täter kann man kaum als skrupellose Geheimdienstleute bezeichnen, deren Bild die SED-Presse zeichnete.

Namen mögen vergänglich sein. Aber die Namen bestimmter Menschen bleiben aufgrund ihres Handelns oder ihres Schicksals im Gedächtnis, solange es Zeugnisse ihres Wirkens gibt, die beim Erinnern helfen. Wer nicht nur im Bewusstsein der eigenen Generation lebt, sondern auch in dem nachfolgender, ist nicht tot. Er ist nur fern.

Tot ist nur, wer vergessen wird!

Günter Harder hat es verdient, dass sein Name ins Stadtbild zurückkehrt!

Die Zeit

Zwölf Jahre nationalsozialistische Diktatur haben nicht nur Deutschland in den Abgrund getrieben und ein Trümmerfeld hinterlassen. Nachdem die Stadt 1945 von der Landesregierung 300.000 Mark erhalten hatte, wurde in Neubrandenburg die Enttrümmerung eingeleitet. Das begann mit der teilweisen Räumung des Pferdemarktes. Dann kamen 1946 das Rathaus und das Palais an die Reihe. Danach wurden die Häuser an der Johanniskirche, zwischen der Pontanus- und Darrenstraße, der Marktplatz (Block Zandering und Block Donitza) beräumt. Nachdem der Stadt weitere finanzielle Mittel zur Verfügung gestellt worden waren, ging die Enttrümmerung planmäßig weiter. Bis 1948 waren 24.800 Quadratmeter Grundstücksfläche enttrümmert. Dabei gewann man 955.000 brauchbare ganze Mauersteine, 1400 Kubikmeter halbe Steine und 99,5 Tonnen Eisenträger, die in erster Linie zur Umsetzung des Befehls 209, des Neubauernprogramms, zur Verfügung gestellt wurden. Was an Steinen dort nicht benötigt wurde, konnte die Zivilbevölkerung gegen ein Entgelt für die Bergungskosten kaufen. Das war fast nichts. Darüber hinaus wurden fast 20.600 Kubikmeter unbrauchbarer Schutt abgefahren und einplaniert.

Im Jahr der Republikgründung 1949 sah es noch nicht viel besser aus. Ganze 30.000 Quadratmeter wurden enttrümmert, 1.453.000 ganze Mauersteine, 947 Kubikmeter halbe Mauersteine und 57,5 Tonnen Trägermaterial geborgen sowie 16.500 Kubikmeter Schutt abgefahren. Bewältigt wurde diese Arbeit von durchschnittlich 80 bis 100 eingesetzten Frauen und Männern.

Ende 1950 konnte man in der Innenstadt noch immer problemlos von Tor zu Tor blicken.

1947 wurden in der Stadt 110 Baugenehmigungen erteilt, im ersten Halbjahr 1948 waren es 63 und 1949 ganze 30 mehr. Das

Der Blick entlang der heutigen Stargarder Straße zeigt die Situation 1951 in der Innenstadt. Zwischen der Ruine der „Goldenen Kugel" am Markplatz und der Johanniskirche erhebt sich der neue Verwaltungsbau der Volkspolizei.

Bauamt schätzte die Bautätigkeit im privaten Bereich wegen des mangelnden Baumaterials äußerst gering ein. Bei den Bauarbeiten ging es in erster Linie um kleine Nebengebäude, Viehställe für die Kleintierhaltung, Änderungen an bestehenden Wohngebäuden, Laden- oder Werkstatteinbauten oder die Errichtung von Kiosken.

Trotzdem war das Bauamt nicht untätig. Es machte Pläne für die Zukunft und hatte reichlich davon in der Schublade, als das Land Mecklenburg-Vorpommern im November 1949 bekannt gab, im Jahr 1950 Investitionskredite für den Wiederaufbau von zerstörtem Wohnraum ausreichen zu wollen. Seit dem 1. April 1949 hatte die Stadt im Außenbereich zerstörte Häuser aufgenommen, Kosten- und Materialberechnungen ausgearbeitet und Objekte geplant. Als der Startschuss fiel, konnte Neubrandenburg auf einen Schlag 100 Kreditanträge einreichen.

„Täglich und ständig gehen noch Neuanträge und Gewerbeanmeldungen ein, die in vielen Fällen Ablehnung finden müssen, weil ein Bedürfnis für das Stadtgebiet Neubrandenburg nicht mehr vorliegt."[4] So ist in einem Bericht der Gewerbeaufsicht für das Jahr der Republikgründung zu lesen. Von den gut 800 Gewerbetreibenden Anfang 1949 – im Juli 1945 gab es rund 200[5] – zählten 323 zum Handwerk und 90 zum Lebensmittelhandel. In der Stadt gab es unter anderen 35 Lebensmittelgeschäfte, 18 Bäckereien, acht Fleischer, sieben Fischhandlungen, sechs Milchhandlungen, zwei Rossschlächter und zwei Räuchereien. Dazu kamen 50 Schneiderinnen und 30 Schneider, 44 Schuhmacher, 23 Tischler, 18 Friseure, 16 Schlossereien, 16 Maschinenreparaturwerkstätten, 13 Uhrmacher, zwölf Maler und neun Maurer.[6]

Über eigene Werkstätten bzw. Läden verfügten 128 Gewerbetreibende. Insgesamt nutzten sie 9830 Quadratmeter Laden- und Werkstattfläche einschließlich Lagerräumen.[7] Zum Vergleich: Heute belegen 70 Geschäfte im Marktplatzcenter 12.500 Quadratmeter Einkaufsfläche. Das benachbarte Marien-Carré umfasst über 8000 Quadratmeter. Und allein die gegenüberliegende H & M-Filiale im sanierten Haus der Kultur und Bildung bringt es auf eine Storegröße von 2350 Quadratmetern.

Während in den drei westlichen Besatzungszonen die Soziale Marktwirtschaft zusammen mit der Währungsreform 1948 und dem amerikanischen Marshallplan einen konjunkturellen Aufschwung brachte, der bald als „Wirtschaftswunder" bezeichnet wurde, die USA, Frankreich und Großbritannien als Besatzungsmächte den Aufbau einer parlamentarischen Demokratie förderten, ebnete die Sowjetunion im Osten dem Sozialismus den Weg.

Der Kalte Krieg zwischen den Systemen nahm an Intensität zu. In Korea standen sich die beiden Lager ab 1950 sogar militärisch das erste Mal gegenüber. Die Teilung der Welt galt auch für die beiden jungen deutschen Staaten, die 1949 gegründet worden waren. In der Bundesrepublik lief zum 1. Mai die Verwendung von Lebensmittelmarken aus. In der DDR wurde die Rationierung aller Produkte, bis auf Fleisch, Fett und Zucker, erst ab 8. Oktober 1951 aufgehoben, wobei die Preise für Backwaren und Textilien gesenkt wurden. Dafür beschloss das Politbüro der SED am 24. Januar 1950 die Bildung eines Ministeriums für Staatssicherheit. Die Regierung der DDR verabschiedete gleichzeitig einen „Beschluss über die Abwehr von Sabotage" und empfahl ebenfalls, ein solches Ministerium aufzubauen. Am 8. Februar stimmte die Volkskammer dem „Gesetz über die Bildung eines Ministeriums für Staatssicherheit" einstimmig zu. Eine Woche später wurden Wilhelm Zaisser zum Minister für Staatssicherheit, Erich Mielke im Rang eines Staatssekretärs zu seinem Stellvertreter ernannt.

GESETZBLATT

der

Deutschen Demokratischen Republik

1950	Berlin, den 21. Februar 1950	Nr. 15

**Gesetz über die Bildung eines Ministeriums
für Staatssicherheit.**

Vom 8. Februar 1950

§ 1

Die bisher dem Ministerium des Innern unterstellte Hauptverwaltung zum Schutze der Volkswirtschaft wird zu einem selbständigen Ministerium für Staatssicherheit umgebildet. Das Gesetz vom 7. Oktober 1949 über die Provisorische Regierung der Deutschen Demokratischen Republik (GBl. S. 2) wird entsprechend geändert.

§ 2

Dieses Gesetz tritt mit seiner Verkündung in Kraft.
Berlin, den 8. Februar 1950

Das vorstehende, vom Präsidenten der Provisorischen Volkskammer unter dem 10. Februar 1950 ausgefertigte Gesetz wird hiermit verkündet.
Berlin, den 18. Februar 1950

**Der Präsident
der Deutschen Demokratischen Republik**
W. Pieck

**Gesetz
über die Teilnahme der Jugend am Aufbau der Deutschen Demokratischen Republik
und die Förderung der Jugend in Schule und Beruf, bei Sport und Erholung.**

Vom 8. Februar 1950

Eine gebildete, körperlich gesunde, kräftige, in ihren Auffassungen und ihrem Streben fortschrittliche Jugend sichert ein einheitliches, demokratisches und friedliebendes Deutschland. Die Verfassung der Deutschen Demokratischen Republik hat die grundsätzlichen Voraussetzungen für eine demokratische Erziehung und Entwicklung der deutschen Jugend geschaffen. Nach den in ihr verankerten Grundsätzen ist der Schutz der gesamten Jugend vor Ausbeutung vorgesehen; die geistige, berufliche und körperliche Entwicklung der Jugend und ihre Teilnahme am staatlichen und gesellschaftlichen Leben gewährleistet; die Erziehung der Jugend im Geiste des Friedens, der Freundschaft zwischen den Völkern, wahrer Demokratie und eines echten Humanismus als aktive und bewußte Bürger der neuen demokratischen Gesellschaft festgelegt.

Der deutsche Imperialismus hat die deutsche Jugend mißbraucht. Er hat im Interesse der deutschen Monopolherren und der Junker die gesamte Erziehung der Jugend der Vorbereitung und Führung von Raubkriegen untergeordnet.

Am 8. Februar 1950 wurde das MfS gegründet.

Die Tat

Der 24. März, Karsamstag, war ein angenehmer Frühlingstag in Neubrandenburg. Lagen morgens die Temperaturen gerade ein oder zwei Grad über null, stiegen sie am Nachmittag dank des strahlenden Sonnenscheins auf bis zu 14 Grad. Das Wetter schien mit Günter zu sein. Er soll vorgehabt haben, sich Ostern mit seiner Freundin zu verloben. Das hatte er wenige Tage zuvor seinem Kameraden Willy Wagner, einem späteren Korvettenkapitän der Volksmarine, in Parow erzählt.

Wahrscheinlich wolle er seiner Elli am Ostersonntag die Frage stellen, ob sie ihn heiraten wolle. Am Sonnabend zogen beide abends noch einmal los. Sie gingen in den Filmpalast. Das 1928 eröffnete Kino, das sich in seiner Architektur am benachbarten Stargarder Tor orientierte und über 700 Plätze verfügte, dürfte für ein verliebtes Pärchen die attraktivste der wenigen Möglichkeiten

Der 1928 von Alfred Feindt, Demmin, mit 400 Plätzen eröffnete Filmpalast verfügte nach mehreren Umbauten 1951 über 701 Plätze.

gewesen sein, am Ostersonnabend in Neubrandenburg etwas zu unternehmen. Der Film war mit Sicherheit kein Blockbuster. In der Region liefen zu dieser Zeit „Panzerkreuzer Potemkin", eine 1950 veröffentlichte sowjetische Neufassung des Stummfilmklassikers von Sergei Eisenstein aus dem Jahr 1925, „Kutussow", ein ebenfalls sowjetischer Film aus dem Jahr 1943, der am 2. Februar 1951 in einer DEFA-Synchronfassung in die ostdeutschen Kinos gekommen war, „Orientexpress", ein deutsches Stummfilmmelodram, das trotz der Besetzung mit UFA-Stars wie Lil Dagover und Heinrich George sicher kein Kassenmagnet gewesen sein dürfte, war der Film doch Vorkriegsware aus dem Jahr 1927. Vielleicht haben sie die Komödie „Ehe man Ehemann wird" gesehen. Thematisch hätte der Streifen aus dem Jahr 1941 gepasst.

Eine kecke Studentin verliebt sich in ihren Professor, einen Musikhistoriker und eingefleischten Junggesellen. Sie taucht in einer Unwetternacht hilfesuchend in seinem Landhaus auf und spielt ihm vor, auf der Hochzeitsreise den Ehemann bei einer Autopanne verloren zu haben. Das war eine flott gespielte Komödie mit bündelweisen Schwindeleien, die letztlich in ein Doppel-Happyend mündeten.

Nach dem Kino spazierten Günter und Elli Elsholz, sie arbeitete übrigens als Hausangestellte, noch ein wenig Hand in Hand durch die Stadt. Wahrscheinlich gingen sie nicht direkt die Stargarder Straße hoch zum Bahnhof, sondern die Straßen außerhalb des Walls entlang. Hier gab es keine kriegsbedingten Lücken in der Bebauung.

Zu den Besuchern der gegen 21 Uhr endenden Kinovorstellung gehörten auch Horst Paschen sowie Hans Kambs mit seiner Freundin. Der arbeitslose Bekannte von Paschen war kurze Zeit Angehöriger der Volkspolizei gewesen. Am Filmpalast trafen sie auf Paschens Cousin Kurt Kantak. Der war Unterkommissar der Volkspolizei und tags zuvor von Brandenburg an der Havel nach Neubrandenburg an die Tollense auf Osterurlaub gekommen. Da die drei bereits Eintrittskarten hatten, konnten sie nicht mehr zusammensitzen. Nach dem Film verabschiedete sich Kambs mit seiner Freundin, während Paschen und Kantak zum Bahnhof gingen, wo der Volkspolizei-Offizier auf dem Fahrplan schauen wollte, wann Züge in Richtung Brandenburg abgingen. Sein Urlaub wäre am Dienstag nach Ostern zu Ende gegangen.

In der Bahnhofswirtschaft hatten die Jungs vor, sich eine Bockwurst zu gönnen. Doch da Büfettkraft Elli Noack keine hatte, entschlossen sich die Cousins, in der HO-Gaststätte „Zur Eisenbahn" in der Südbahnstraße einzukehren. Dort bekamen sie Kartoffelsalat und Bockwurst, dazu eine Flasche Rotwein, zwei Liköre, einen Grog. Zum Schluss nahm jeder noch ein Stück Torte mit Schlagsahne, bevor sie gegen 23.15 Uhr wieder zum Bahnhof gingen, wo Paschen gerne noch ein weiteres Bier trinken wollte. Der Bahnhof war für Paschen ein oft und gern besuchtes Ziel, weil nach seinen eigenen Worten in Neubrandenburg sonst nicht viel los sei.

1977 wurde die Gaststätte „Zur Eisenbahn" in der Südbahnstraße im Zuge der Umgestaltung des Überlandverkehrs des Busbahnhofs abgerissen.

Paul Zucker führte in der Südbahnstraße 24 seit den 1930er Jahren das Lokal „Zur Eisenbahn", bis er es Anfang der 1950er Jahre an die HO abtreten musste. Seine Frau Emma, eine gelernte Köchin, durfte weiter für die HO in der Gaststätte arbeiten.

In der Bahnhofswirtschaft orderten sie in schneller Folge zwei Lagen. An einem Nachbartisch erkannten sie Ernst Schmidt-Eggers, der dort mit zwei Mädchen saß, die auf der Durchreise waren. Sie ließen ihrem Bekannten ein Bier bringen und luden ihn lauthals an ihren Tisch ein. Nach zwei- oder dreimaligem Rufen folgte Schmidt-Eggers der Einladung. Man bestellte zwei weitere Lagen, wobei Kellner Hans Ritschel ihnen riet, langsamer zu trinken.

Die Wirkung des schnell genossenen Alkohols führte dazu, dass die jungen Männer, vor allem Paschen, immer lauter wurden. Horst Paschen belästigte wohl auch andere Gäste, zum Beispiel riss er einer Frau die Handtasche herunter.

Gegen Mitternacht wurde der auf dem Bahnhof diensthabende Transportpolizist Ulrich Harz während seiner Streife auf die Unruhe in der Bahnhofswirtschaft aufmerksam. Der

Polizeioberwachtmeister verwies Paschen des Lokals und ermahnte alle drei, in der Wartehalle Ruhe zu halten.

Kurt Kantak, der an diesem Abend seine Offiziersuniform der Volkspolizei trug, wirkte keinesfalls beruhigend auf seinen angetrunkenen Vetter ein. Er forderte ihn vielmehr auf, weiter zu lärmen, um die Rückkehr des Trapo-Angehörigen zu provozieren. Er schlug seinen Saufkumpanen vor, den Mann draußen zu überfallen, zu verprügeln und zu entwaffnen.

Oberwachtmeister Harz reagierte wie geplant. Er kehrte zurück und sah, wie sich die drei in der Wartehalle rauften. Er forderte nunmehr alle drei auf, den Bahnhof zu verlassen. Dieser Aufforderung kamen Paschen und Schmidt-Eggers nicht nach und Kantak bat seinen „Kollegen" um Unterstützung, die „Betrunkenen" raus zu schaffen

Harz willigte ein. Er half dem Offizier, die Unruhestifter an die frische Luft zu setzen und begleitete sie über den Bahnhofsvorplatz bis zur Rudolf-Breitscheid-Straße. Paschen begann wieder zu

Auf den Vorplatz des 1948 aus Trümmersteinen wieder aufgebauten Bahnhofs überfielen Horst Paschen, Kurt Kantak und Ernst Schmidt Eggers Oberwachtmeister Harz. Nach dem Raub seiner Waffe flohen Kantak und Paschen nach links in die Rudolf-Breitscheid-Straße. Damals stand an Stelle des 1958 eröffneten Kaufhauses „Elegant" eine von Günter Tornow neu gebaute Baracke, eine Musikalienhandlung.

lärmen und wurde von Harz erneut aufgefordert, Ruhe zu geben. Daraufhin bewegte sich Paschen auf Harz zu und brüllte ihn an: „Ihr Volkspolizisten, ihr Schweinehunde, wenn man mal einen getrunken hat, seid ihr gleich hinter einem her!!"[8] Darauf forderte Harz ihn auf, ihm drei Schritte vom Leibe zu bleiben.

In dem Moment sprang Kurt Kantak Ulrich Harz von hinten an und umklammerte den Polizisten, während Paschen ihm gezielt ins Gesicht schlug, Schmidt-Eggers tat es ihm zwei- oder dreimal gleich. Bei dem Angriff der drei Männer ging der Transportpolizist unter lauten Hilferufen zu Boden. Diese Hilfeschreie ließen Schmidt-Eggers sofort die Flucht ergreifen, ohne dass er noch dem Transportpolizisten die Dienstwaffe raubte, wie es eigentlich abgesprochen war. Kantak zog nun selbst die Pistole von Ulrich Harz aus dem Holster, eine Walter 08 mit acht Schuss Munition. Als er im Besitz der Waffe war, ließ er von dem niedergerungenen Polizisten ab und rannte in Richtung Pferdemarkt davon. Paschen folgte ihm Sekunden später.

Während die drei Täter flohen, Schmidt-Eggers lief auf dem schnellsten Weg nach Hause, informierte Ulrich Harz, zurück in der Bahnhofshalle, gegen 0.30 Uhr seinen Kollegen Wolf-Dietrich Binias, dass ihm gerade die Waffe geraubt worden sei. Zusammen mit Günter Harder, der an seiner Uniform als Seepolizist zu erkennen war, und dem aus Kleinmachnow stammenden Zivilisten Dietmar Stolz, der zuvor mit seiner Freundin ebenfalls in der Kinovorstellung gewesen war, nahm Wachtmeister Binias die Verfolgung der Flüchtigen auf, während Ulrich Harz weitere Hilfe organisierte.

Binias zog im Laufen seine Pistole und forderte die Verfolgten auf, sich zu ergeben, anderenfalls würde er schießen. Dies war ihm allerdings nicht möglich, da sich der Zivilist Dietmar Stolz zwischen den Verfolgten und den Verfolgern befand. Stolz sollte zum Revier laufen und Meldung machen, um eine Straßensperre zu organisieren.

Wenig später fielen im Bereich des Pferdemarktes zwei Schüsse. Kurt Kantak hatte sie gezielt in Richtung seiner Verfolger abgegeben.

Blick über das Harder-Stadion in Richtung Tatort

Danach holte Paschen seinen Cousin Kantak in der Speicherstraße ein und verlangte, die Waffe herauszugeben. Kantak weigerte sich, da entriss Paschen ihm die Waffe, wobei sich ein Schuss löste, der Kantak an der linken Hand verletzte. Paschen, jetzt im Besitz der Waffe, floh allein weiter.

Zwischenzeitlich hatte auch der Polizeimeister Max Krömer von der Trapo die Verfolgung aufgenommen. Nachdem er von Ulrich Harz gegen 1 Uhr telefonisch von dem Überfall unterrichtet worden war, hatte er sich umgehend zum Bahnübergang Demminer Straße begeben, da das dem Gespräch zufolge die zu erwartende Fluchtrichtung sein würde. An den Schranken traf er den Wachtmeister Binias und den ihm unbekannten Seepolizisten Günter Harder. Krömer und Harder liefen an den Gleisen entlang, in der Hoffnung, den Verfolgten in den Rücken zu fallen. Als die beiden sich etwa 20 bis 30 Meter entfernt hatten, rief Binias, der auf der rechten Straßenseite stand und in die Speicherstraße blicken konnte, dass die Täter zurückkämen. Daraufhin kamen Max Krömer und Günter Harder ebenfalls zurück und wechselten dabei von der linken auf die rechte Straßenseite, wieder in Höhe der Bahnschranken. Dabei versperrte ihnen ein in Richtung Pferdemarkt aufgeschütteter Wall die Sicht auf Kantak und Paschen, die sich gerade trennten. Während sich Paschen ihnen näherte, folgte Kantak weiter der Speicherstraße in Richtung der Lythall-Maschinenfabrik und brach kurz darauf zusammen. Der Pförtner des Betriebes eilte herbei, leistete Erste Hilfe und telefonierte nach einem Krankenwagen für den verletzten Polizeioffizier in der Annahme, der Verwundete wäre ein unschuldiges Opfer der zuvor wahrgenommenen Schüsse.

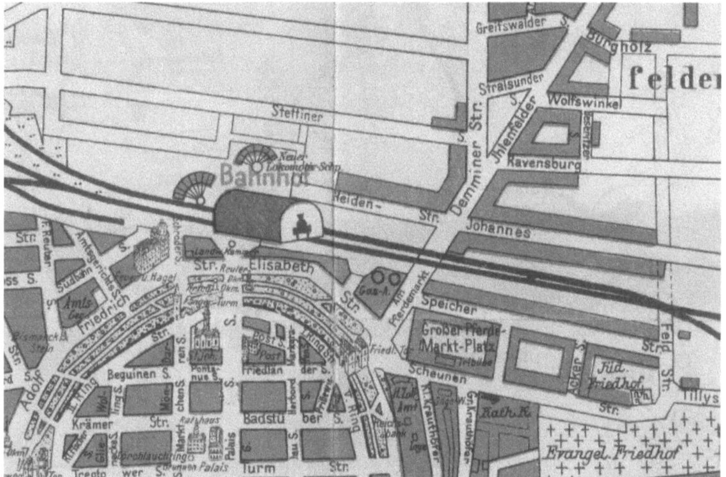

Der Ausschnitt aus dem Stadtplan von 1935 zeigt das Tatumfeld zwischen Bahnhof und Speicherstraße. Aus der Elisabeth- und der Adolf-Friedrich-Straße war die Rudolf-Breitscheidstraße geworden.

Das Luftbild bietet einen Blick auf den Tatort. An den Bahnschranken wurde Günter Harder tödlich getroffen.

Dr. Alfred Krause, Facharzt für Chirurgie an der Poliklinik in der Neubrandenburger Rosenstraße 8, saß im Krankenwagen, der Kurt Kantak aus der Speicherstraße abholte.

Vor Ort berichtete Kurt Kantak dem Fahrer des Krankenwagens, Franz Klotzin, sowie dem Arzt Dr. Walter Krause[9] ungefragt, dass er von einem Russen überfallen und angeschossen worden sei. Im Krankenhaus wiederholte Kantak diese Darstellung gegenüber der diensthabenden Nachtschwester Annemarie Studier.

Paschen hingegen ging langsam weiter auf die Polizistengruppe zu, die rechte Hand in der Manteltasche, den Finger am Abzug der dort steckenden Waffe. Max Krömer forderte ihn auf, die Hand aus der Tasche zu nehmen und stehen zu bleiben. Vier bis fünf Schritte von den Polizisten entfernt blieb Paschen zunächst kurz stehen. Er nahm die Hand aber nicht aus der Tasche, sondern begab sich auf die Fahrbahn und fing an zu schimpfen. Die Polizisten sollten ihn in Ruhe lassen, er wolle nur nach Hause gehen. Max Krömer, der zuerst seine Waffe gezogen hatte, steckte sie in dem Moment zurück in den Holster. Er war sich nicht sicher, ob Paschen einer der Täter war. Als er aber einen Pistolenkolben aus der Manteltasche ragen sah, sprang er Paschen an, der sich in diesem Moment umdrehte. So erwischte Krömer ihn nicht wie gewollt. Er bekam Paschens linke Hand zu fassen und konnte ihn erst nach hinten und dann nach rechts herumreißen. Gleichzeitig ging Günter Harder Paschen von vorn an und drückte ihm mit einer Hand unter dem Kinn den Kopf nach hinten, sodass Paschen und Krömer zu Boden fielen und miteinander rangen. Da bekam Paschen die rechte Hand frei und zog die Pistole. Er drückte ab und traf Günter Harder unterhalb des Halses nahe dem Schlüsselbein. Am Rücken trat die Kugel wieder aus dem Körper heraus. Gleichzeitig schlug Binias mehrfach mit seiner Pistole auf Paschens Kopf ein, da der sich Krömer nicht ergeben wollte. Die durch die Kolbenschläge verursachten Schmerzen brachen endlich Paschens Widerstand und Max Krömer konnte ihm die Waffe entreißen.

Während des Handgemenges hatte Paschen mehrfach versucht, auch auf andere Polizisten zu schießen. Krömer entlud die Walter 08, in der sich noch zwei Kugeln befanden.

Dietmar Stolz, der Augenzeuge der Festnahme von Horst Paschen war und sah, wie Günter Harder verwundet wurde, lief sofort los, um einen Krankenwagen zu holen. Dabei begegneten ihm zwei Hundeführer der Trapo mit ihren Tieren. Außerdem traf fast zeitgleich der Transportpolizist Gerhard Krämer am Bahnübergang in der Demminer Straße ein. Ulrich Harz hatte ihn telefonisch über die Vorkommnisse informiert. Gerhard Krämer sah, dass eine Person am Bahndamm lag und zwei Personen, Paschen und Krömer, auf dem Boden kämpften. Einer blutete am Kopf.

Während Binias und Krömer sich um Günter Harder kümmerten und ihn in das Bahnwärterhaus 235 trugen, wachte Krämer über Paschen. Als die beiden Hundeführer den Ort des Geschehens erreichten, übernahmen sie Krämers Aufgabe, während Krämer im Bahnwärterhaus nach Harder schaute. Paschen, inzwischen wieder auf den Beinen, unternahm da noch einen Fluchtversuch, wurde aber nach 60 Metern von Baldur, dem Diensthund des Transportpolizisten Sindt, gestellt und der Neubrandenburger Kriminalpolizei übergeben. Sie verhaftete in den Morgenstunden des gleichen Tages Schmidt-Eggers zu Hause bei seinen Eltern sowie am Nachmittag Kurt Kantak, den sie aus dem Krankenhaus abführten.

Als Kantak im Krankenhaus behandelt wurde und sein Lügenmärchen vom Russenüberfall verbreitete, war in der Poliklinik die Information eingetroffen, dass am Bahnübergang eine Person liege, ein Seepolizist mit einem Brust- oder Lungenschuss. Der Krankenwagen rückte ein zweites Mal in der Nacht in Richtung Pferdemarkt aus. Franz Klotzin, Chauffeur der Poliklinik, brachte Günter Harder ins Krankenhaus, im Auto begleitet von Günters Freundin Elli Elsholz. Als sie in der Klinik eintrafen, konnte der benachrichtigte Arzt, Dr. Franz Prokop[10], nur noch Günters Tod feststellen. Er war auf dem Transport verstorben.

Die Täter

Wer waren die Täter? Die von der Landesleitung der SED in Mecklenburg herausgegebene „Landeszeitung" schrieb in ihrer Berichterstattung über den Prozess, der Ende April 1951 gegen die drei jungen Männer stattfand, von „Agenten und Mordbanditen"[11], von „englischen Agenten"[12] bzw. von einer „amerikanisch inspirierten Bande"[13]. Für das „Neue Deutschland" waren sie eine „dreiköpfige Bande"[14].

In einer 1969 vom kulturhistorischen Museum Neubrandenburg im Auftrag des Rates der Stadt und des Rates des Kreises herausgegebenen Dokumentation zum 30. Jahrestag der DDR ist die Rede von „drei staatsfeindlichen Elementen aus Neubrandenburg, von denen zwei Spionage für westliche Geheimdienste betrieben"[15]. Genauso wurden die Verurteilten 1970 in einer Broschüre genannt, die zum 10. Jahrestag der Namensverleihung „Volksmarine" erschien und über die Traditionslinien der DDR-Seestreitkräfte berichtete.[16]

Die ein Jahr nach dem Mord an Günter Harder gegründete „Freie Erde", Organ der Bezirksleitung Neubrandenburg der SED, nannte die Täter in einem Bericht über eine Kranzniederlegung anlässlich des 30. Todestages von Günter Harder auf ihrer Neubrandenburger Lokalseite noch 1981 „drei staatsfeindliche Verbrecher"[17].

Am 23. März 1951 wurde Günter Harder in Neubrandenburg ermordet. Aus dem Brigadetagebuch der Brigade „Günter Harder" des RWN, das einen Bericht der VP über die Bluttat enthält, wurde die folgende Schilderung zusammengestellt:

„In den Abendstunden des 23. März 1951 kam es in Neubrandenburg zur Verfolgung und Überwältigung verbrecherischer Elemente, die im Solde westlicher Geheimdienste standen. Bei dieser dramatischen Aktion fiel durch die Kugel eines Agenten und Mörders Günter Harder im 20. Jahr seines hoffnungsvollen Lebens.

Günter Harder entstammte der Familie eines Eisenbahnangestellten. Am 21. Juni 1931 in Königsberg geboren, gehörte er jener Generation an, deren Kindheit durch die Hitlerbarbarei und den 2. Weltkrieg überschattet wurde. Wie alles junge Leben sehnte auch er sich nach Licht und Frieden. Von 1945 bis 1948 erlernte er in Neubrandenburg mit Fleiß und Hingabe das Schlosserhandwerk. Bereits nach zwei Jahren Lehrzeit zeichnete er sich als Kreiswettbewerbssieger seiner Berufssparte aus. Von 1948 bis 1950 gehörte Günter zu den Erbauern der Volkswerft Stralsund. Von dort aus folgte er dem gemeinsamen Ruf der Sozialistischen Einheitspartei Deutschlands und der Freien Deutschen Jugend zum Dienst bei der Deutschen Seepolizei. Seine Freunde und Genossen schätzten an ihm vor allem seine Ehrlichkeit, Zuverlässigkeit und ständige Hilfsbereitschaft. Er besaß alle Voraussetzungen für einen tüchtigen Seeoffizier.

Während seines Osterurlaubs 1951 weilte Günter bei seinen Eltern in Neubrandenburg. Am 23. März ging er mit seiner Freundin, mit der er sich Ostern verloben wollte, ins Kino. Auf dem Heimweg vernahm er in der Nähe des Sportstadions am Pferdemarkt eilige Schritte, Rufe und Schüsse. Was war geschehen?

Drei staatsfeindliche Elemente aus Neubrandenburg, von denen zwei Spionage für westliche Geheimdienste betrieben, hatten auf dem Bahnhof einen Plan ausgeheckt, von dessen Gelingen sie sich die Anerkennung als ‚Helden' westlicher Prägung versprachen. Ihr Rädelsführer war der mehrmals vorbestrafte 21jährige Paschen. Er war nach erfolgter Republikflucht mit bestimmten Aufträgen wiedergekommen, hatte den Flugplatz Trollenhagen skizziert sowie die Bewaffnung und Personalstärke sowjetischer Truppenteile erkundet. Nun sollten Waffen erbeutet werden, die er zusammen mit den Plänen unmittelbar nach Ostern den Agenten- und Spionagezentralen in Westberlin übergeben wollte.
Hilfesuchend lockten die drei Subjekte am Abend des 23. März einen Angehörigen der Transportpolizei vom Bahnhof fort, überfielen ihn verabredungsgemäß und raubten seine Dienstpistole. Auf die Hilferufe des Überfallenen eilten Passanten und drei Volkspolizisten herbei, die sofort die Verfolgung der in Richtung Pferdemarkt flüchtenden Verbrecher aufnahmen. Mit gezielten Schüssen versuchte Kanthak, ein Kumpan des Paschen, die Polizisten fernzuhalten. Als Paschen ihm die Pistole abnahm, löste sich ein Schuß, der Kanthak in die Hand traf. Allein flüchtete Paschen in die Nähe des Sportstadions.

Das war der Zeitpunkt, an dem Günter Harder die Situation erkannte. Mit den Worten: ‚Ich bin Angehöriger der Seepolizei und halte es für meine Pflicht, hier mitzuhelfen!' beteiligte er sich unbewaffnet an der Verfolgung des gefährlichen Paschen, der schließlich gestellt wurde. Als Günter sich auf den Banditen stürzte, um ihm die Pistole zu entreißen, traf ihn dessen tödliches Geschoß. Er verblutete auf dem Wege ins Krankenhaus. Die Verbrecher erhielten ihre gerechte Strafe.

Günter Harders mutige Tat, sein selbstloser Einsatz und seine Treue zu unserem sozialistischen Staat werden unvergessen bleiben. Die Stadt Neubrandenburg ehrte sein Andenken, indem sie dem Stadion, an dem die Tat geschah, seinen verpflichtenden Namen verlieh."

Seite aus einer Dokumentation des Kulturhistorischen Museums Neubrandenburg zum 30. Jahrestag der DDR 1969

Die Volksmarine verkaufte Günter Harder zu ihrem 10. Namenstag 1970 als Vorbild für junge Matrosen.

Kranzniederlegung am Grabe Günter Harders, der vor 30 Jahren von imperialistischen Agenten heimtückisch ermordet wurde. Sein Andenken lebt in unserer Stadt.

27. März 1981

Die Besten tragen seinen Namen

Neubrandenburger ehren das Andenken Günter Harders, vor 30 Jahren von Agenten heimtückisch ermordet

Die „Freie Erde" erinnerte als Parteizeitung 1981 an den nicht vergessenen „Genossen". Günter Harder war nie Kandidat oder Mitglied der SED.

Erst 25 Jahre nach der Wende fiel im Osten die ideologische Wertung. Buchautor Dr. Ingo Pfeiffer, ein ehemaliger Fachgruppenleiter für Geschichte der Offiziershochschule der Volksmarine in Stralsund, zuletzt Fregattenkapitän der Bundesmarine, spricht nach der Wende nur noch von „Kriminellen"[18].

Horst Paschen

Als Haupttäter galt Horst Paschen. Er hatte bei seiner Festnahme im Handgemenge den tödlichen Schuss auf Günter Harder abgegeben.

Horst Paul Gerhard Paschen wurde Silvester 1930 in Neubrandenburg geboren. Sein Vater Paul, ein gelernter Maschinenschlosser, Jahrgang 1906, war Mitglied der NSDAP und gehörte seit 1933 der SS an. Er arbeitete als Monteur in der Überlandzentrale Neubrandenburg. Seine Mutter Hedwig, eine geborene Witt, „stammt aus kleinbürgerlichen Verhältnissen und war politisch nicht organisiert."[19] Die Familie wohnte in der Danziger (Sponholzer) Straße 21. Von 1937 bis 1945 besuchte Horst die

Bis spätesten 1940 war die Bebauung der Ihlenfelder Vorstadt mit Ziegelgebäuden, so auch der Danziger Straße (Sponholzer Straße) abgeschlossen. Die Familie Paschen wohnte in der Nummer 21.

Volksschule. Am 1. April 1945 begann er in den Mechanischen Werkstätten eine Lehre als Werkzeugmacher. Sie endete jedoch genau 30 Tage später mit dem Einmarsch der Roten Armee in Neubrandenburg.

Zwischen Mai und September arbeitete er 15-Jährige bei der Brauerei in der Demminer Straße, dann fing er als Gehilfe im Vermessungsbüro Schillo an. Sein Chef Peter Schillo, ein bekennender Katholik, hatte 1945 mit Freunden und auf Wunsch der sowjetischen Besatzungsmacht die CDU in Neubrandenburg gegründet und danach den Aufbau eines großen Mitgliederbestandes nicht nur ideell, sondern auch finanziell unterstützt und wesentlich getragen.

„Als ehrenamtlicher Stadtrat hat er sehr viel Gutes für die Menschen in der Stadt und Region bewirkt, hervorzuheben sind: sein von den SED-Machthabern mit Argwohn und Feindseligkeit begleitetes, letztlich aber erfolgreiches Engagement für den Erhalt des ‚Lessing-Gymnasiums‘, die Entwicklung der Kultur in der ‚Vier-Tore-Stadt‘ und sein Bemühen, junge Menschen zu lehren, wie wichtig die Demokratie für einen Wiederaufbau Deutschlands ist.“[20] Mit Sicherheit wäre Horst Paschen im Vermessungsbüro Schillo geblieben, aber Peter Schillo verweigerte sich nach der Zwangsvereinigung von KPD und SPD dem Alleinführungsanspruch der Sozialistischen Einheitspartei Deutschlands. „Peter Schillo wurde wegen seiner konsequenten Weigerung [...] aller Ämter enthoben und gegen ihn und seine Freunde eine Diskreditierungskampagne gestartet, die in einem ‚Tribunal‘ im Volkshaus von Neubrandenburg ein unrühmliches Ende fand: Peter Schillo wurde politisch ‚kalt gestellt‘ und seiner Existenz beraubt: Sein Vermessungsbüro, eines der größten und erfolgreichsten in Ostdeutschland, wurde durch den Entzug aller Aufträge praktisch liquidiert und damit sein Lebenswerk zerstört“[21].

So musste sich auch Horst Paschen nach einer anderen Perspektive für seine Zukunft umsehen. Im Oktober 1946 begann er eine Lehre zum Elektriker in der Firma K. Zollatz, Elektroinstallation, Ziegelbergstraße 88, die er am 30. Oktober 1949 abschloss. Er verließ die Elektrofirma und bewarb sich am 1.

November zusammen mit seinem Cousin Kurt Kantak bei der Deutschen Volkspolizei da es dort, wie er später angab, bessere Verpflegung und gute Kleidung gab.[22] Einen Tag später wurden beide in Rostock als VP-Anwärter eingestellt. Horst Paschen blieb keine drei Monate bei der Truppe. Am 28. Januar 1950 wurde er wegen Disziplinlosigkeit und Befehlsverweigerungen entlassen.

Sein alter Lehrmeister Zollatz stellte Horst Paschen wieder ein, bis er am 15. März seine Entlassungspapiere „wegen Arbeitsmangel"[23] erhielt. Fünf Tage später fuhr er nach Rostock zur Neptunwerft, wo er zum 15. April 1950 als Schiffselektriker Arbeit bekam. Während der Reparatur eines sowjetischen Schiffes entwendete Horst Paschen den Anzug eines sowjetischen Matrosen. Der Diebstahl wurde entdeckt und bei der deutschen Kriminalpolizei angezeigt. Horst Paschen wurde verhört, aber nicht verhaftet. Aus Angst, dass er doch noch in den Knast müsse, floh er am 15. September 1950 in den Westen. Bei Helmstedt ging er über die Grenze. Über Braunschweig, wo er zwei Tage blieb, begab er sich nach Hamm. Dort wies ihn das Arbeitsamt einem Bauern in Freiske zu, das heute ein ländlich geprägter Vorort der westfälischen Stadt am Nordrand des Ruhrgebietes ist.

Lange hielt es Horst Paschen dort nicht aus. Da ihm die Arbeit nicht gefiel, fuhr er am 8. Oktober weiter nach Essen. Er wollte Bergarbeiter werden. Doch statt bei der Essener Steinkohlenbergwerke AG eingestellt zu werden, wurde er am 12. Oktober vom Auffanglager Essen-Heisingen in das Jugendlager Poggenhagen bei Hannover überstellt, dessen Aufgabe es war, minderjährige Flüchtlinge aus der DDR aufzunehmen. Bis zur Überprüfung ihrer Fluchtumstände und persönlichen Verhältnisse waren sie in diesem relativ abgelegenen Ort untergebracht. Zumeist blieben sie auch freiwillig, bis sie eine Arbeit aufnehmen konnten und damit verbunden einen Wohnort zugewiesen bekamen.

Das Flüchtlingsjugendlager Poggenhagen war ein Lager für minderjährige Flüchtlinge aus der sowjetischen Besatzungszone und der späteren DDR. Es befand sich auf dem Ilschenhof am Südrand der Gemeinde Poggenhagen, heute Ortsteil von Neustadt am Rübenberge in Niedersachsen.

Die überwiegend männlichen Jugendlichen waren in Nissenhütten untergebracht, wie man sie aus dem Ersten Weltkrieg als billige Soldatenunterkünfte kannte. Das waren halbrunde Wellblechhütten mit etwa 40 m² Grundfläche, einer Länge von 11,5 Metern und etwa fünf Metern Breite. Die wenigen Mädchen wohnten im Haupthaus, in dem sich auch die Küche befand. Die Versorgung mit Essen und Trinken wie auch die medizinische Betreuung waren sichergestellt und gut. Eventueller Bekleidungsbedarf wurde durch Spenden aus der Altkleidersammlung ergänzt. Eine finanzielle Unterstützung gab es in dieser Zeit nicht, dafür wurde der Einsatz als Lagerwache, im Küchendienst oder als Schreiber in den Aufnahmebüros, wo die Vernehmungen durchgeführt wurden, mit sieben Mark pro Woche entlohnt.

Von wegen goldener Westen, von wegen rosiger Zukunft. Nach achttägigem Lageraufenthalt wurde Horst Paschen an einen Bauern im Sauerland vermittelt. Nach drei Tagen schmiss er auch dort die Forke wieder hin. Regeln, schwere körperliche Arbeit und Anweisungen, denen er zu folgen hatte, waren noch nie etwas für den Heranwachsenden gewesen. Er kehrte nach

Poggenhagen zurück. Hier musste er wenigstens nicht sein tägliches Brot im Schweiße seines Angesichts verdienen. Dazu hatte er ein Dach über dem Kopf und das war wichtig. Die Temperaturen lagen Ende Oktober schon bis zu sechs Grad unter dem Gefrierpunkt. Erster Schnee war gefallen und liegen geblieben. Alles deutete auf einen kalten Winter hin.

Am 25. Oktober wurde Horst Paschen in Poggenhagen zu den Umständen und Gründen seiner Flucht aus dem Osten vernommen. Das Gespräch führte ein Deutscher, der sich ihm als Herr Hermann vorstellte. Herr Hermann war Angehöriger eines englischen Geheimdienstes, der Horst Paschen eine Zusammenarbeit mit seiner Behörde schmackhaft machte. Er stellte dem jungen Mann bei Erfolg eine gute Bezahlung seiner Dienste sowie einen lukrativen Job in Aussicht. Horst Paschen unterschrieb eine Verpflichtungserklärung und erhielt den Auftrag, sich um Arbeit auf dem von der Roten Armee genutzten Flugplatz Trollenhagen zu bemühen. Er sollte dort Stimmungs- und Meinungsbilder von Arbeitern und Angestellten notieren und einen Plan des Fliegerhorstes zeichnen. Der Grundriss sollte Auskunft geben über Anzahl, Länge und Lage der Startbahnen, der Unterkünfte, der Hallen und deren Nutzung, von Werkstätten und Flugzeugen, die in Trollenhagen geflogen wurden, und natürlich sollte er auch Informationen über die Mannschaften liefern.

Am 27. Oktober wurde Horst Paschen aus dem Lager Poggenhagen offiziell entlassen. Er kehrte illegal nach Neubrandenburg zurück und begann, erst einmal bei seinem Onkel Paul Witt in Bargendorf auf dem Bauernhof zu arbeiten.

Am 2. Januar 1951 nahm er eine Tätigkeit als Betriebselektriker auf dem Flugplatz Trollenhagen auf. Sein Arbeitgeber wurde die „sowjetische Besatzungsmacht/Luftflotte"[24].

Damit hatte er ein wichtiges Ziel erreicht: ungehinderten Zugang zum Flugplatz, den er für die Briten ausspionieren sollte.

Nachdem im Juli 1945 das 844. Aufklärungs- und Transportfliegerregiment nach Liegnitz (polnisch Legniza) zurückverlegt worden war, wurde Trollenhagen Standort des von Brest verlegten 773. Jagdfliegerregiments, das mit MIG-9, Jak-9T, Jak-15, Jak-17, Jak-19 und später mit MIG-15 ausgerüstet war, nach ihrer Indienststellung 1952 auch mit der MIG-17.

Im Jahr 1949 kam das 899. Jagdfliegerregiment hinzu, das neben Jagdflugzeugen der Jakowlew-Serie (Jak-3, Jak-9T, Jak-15) auch die Lawotschkin 11 flog, einen zwischen 1947 und 1951 gebauten Nachkriegsjäger, den die Sowjetunion auch befreundeten Staaten wie China und Nordkorea zur Verfügung stellte und der in den Anfangsjahren des Koreakrieges zum Einsatz kam, wo er den modernen Entwicklungen des Düsenzeitalters wenig entgegenzusetzen hatte. Die Zukunft gehörte den strahlgetriebenen Jägern wie der MiG-15, die das in Trollenhagen stationierte Regiment dann ebenfalls flog. Das 899. Jagdfliegerregiment blieb bis 1951 in Trollenhagen und wurde dann nach Ribnitz-Damgarten verlegt.

Zuvor hatten im Frühjahr 1950 Arbeiten zur Verlängerung der Start- und Landebahn begonnen, die später, ab 1952 vom Autobahnbaukombinat weiter ausgeführt wurden. Außerdem wurden sechs der ursprünglich zwölf Splitterschutzdeckungen zurückgebaut und die zum größten Teil von den Bombenangriffen während des Krieges noch unversehrt gebliebenen Flugzeughallen IV und VI saniert. Die Halle IV war durch einen vorsätzlich gelegten Brand im April 1945 stark in Mitleidenschaft gezogen worden.

Horst Paschen bot sich also reichlich Stoff für Agentenmitteilungen. Nach eigener Aussage vom 24. März 1951 hatte er die Aufgabe „eine Grundriss-Skizze anzufertigen, auf der die Größe des Flugplatzes, die Länge der Startbahnen sowie die Anzahl und der Umfang der Hallen zu ersehen sind. Gleichzeitig sollte er die Unterkunftsbauten der Flugzeugbesatzungen in dem Plan festlegen, und über die Art der Besetzung des Flugplatzes in Bezug auf Menschen und Material berichten"[25]. Im Februar begann er mit der etwa 40 mal 50 Zentimeter großen Skizze. Er zeichnete sie im Pumpenwerk des Flugplatzes und versteckte sie, gut verpackt zum Schutz vor Witterungseinflüssen, in einer nahegelegenen Kiesgrube.

Kurt Kantak

Für die Justiz galt Horst Paschen 1951 als Haupttäter. Die von ihm im Handgemenge seiner Festnahme abgefeuerte Kugel hatte Günter Harder getötet. Kurt Kantak wurde als Mittäter verurteilt. Günter Harder hätte nicht sterben müssen, wäre nicht Kurt Kantak alkoholisiert auf die Schnapsidee gekommen, einen Transportpolizisten aufzumischen und ihm die Waffe abzunehmen.

Kurt Eberhard Friedrich Kantak erblickte am 28. November 1930 als Sohn des Hilfsweichenwärters Ernst Otto Kantak und dessen Ehefrau Marta, geborene Witt, in der Turmstraße 32 in Neubrandenburg, nahe der Stadtmauer, das Licht der Welt. Es war, wie damals üblich, eine Hausgeburt. Sein Vater war während der Zeit des Nationalsozialismus zwar Mitglied der NSDAP gewesen, übte aber keinerlei Funktionen in der Nazipartei aus. Nach dem Tod seiner Frau, die 1946 an Tuberkulose starb, heiratete er die Witwe Else Heise, geborene Jacht.

Kurt Kantak, der von 1940 bis 1945 dem Deutschen Jungvolk angehörte, besuchte von 1936 bis 1945 die Volksschule.

Die im Krieg zerstörte Turmstraße. Nahe der Stadtmauer hatte die Familie Kantak in der Nr. 32 gewohnt.

*Nach dem Krieg wurde die Hinterste Mühle das neue Zuhause der Kantaks.
Kurt arbeitete dort 1945 auch sechs Monate bei der Roten Armee.*

Der Krieg hatte der Familie ihr Zuhause in der Innenstadt genommen. Sie lebte jetzt an der Hintersten Mühle. Dort war der junge Kurt sechs Monate bei der Roten Armee beschäftigt. Im November 1945 begann er bei Paul Pasewald in der Pfaffenstraße 17 eine Lehre als Tischler. Nach noch nicht einmal einem Jahr brach er die Ausbildung im September 1946 wegen Differenzen mit seinem Lehrmeister ab. Im gleichen Jahr wurde Kurt Kantak Mitglied der Freien Deutschen Jugend, der auch seine jüngere Schwester beitrat. Bis Anfang Dezember 1948 arbeitete er bei seinem Onkel Paul Witt in Bargendorf in der Landwirtschaft, danach ging er nach Aue ins Erzgebirge. Er hatte sich für ein halbes Jahr zur Arbeit in einem Bergwerk der Wismut AG verpflichtet. Dort baute man im großen Stil Uran ab, das zur Rohstoffbasis der sowjetischen Atomindustrie und ihres Atomwaffenprogramms wurde. Die Sowjetunion hatte im Rahmen ihrer Reparationsforderungen 1947 eine Vielzahl deutscher Bergbaubetriebe in sowjetisches Eigentum überführt. Den enorm wachsenden Arbeitskräftebedarf deckte man durch Zwangsmaßnahmen wie Arbeitsverpflichtungen. Da unter Druck nicht die geforderte Produktivität erbracht wurde, wechselte man zu intensiver Werbung und versprach gute Löhne.

1948 folgte Kurt Kantak dem Ruf zur Arbeit im Erzbergbau von Sachsen. Die Wismut AG lockte mit guten Löhnen und Vergünstigungen.

Die neue Linie ging allerdings mit einer Verschärfung der Objektbewachung sowie der Überwachung der Belegschaft einher, in deren Folge Hunderte Bergleute wegen kleinerer Vergehen mit drakonischen Strafen belegt wurden. Das ging so weit, dass allein in den Jahren 1951 bis 1953 mindestens 70 Betriebsangehörige als vermeintliche Spione in die Sowjetunion verschleppt und dort hingerichtet wurden.

Obwohl er eine Bestrafung zu befürchten hatte, verließ Kurt Kantak bereits zu Weihnachten und ohne Genehmigung seinen Arbeitsplatz bei der Wismut und fuhr nach Hause zu seinen Eltern. Hier fasste er aus Angst vor der Reaktion der Russen auf seine Flucht aus dem Uranbergbau den Entschluss, sich in den Westen abzusetzen. Am 12. Januar 1949 meldete er sich im niedersächsischen Auffanglager Schöningen, elf Kilometer vor den Toren von Helmstedt, nicht weit entfernt von der Grenze zwischen Ost und West.

Dort wurde er von einem „Offizier des englisch-amerikanischen Nachrichtendienstes"[26] vernommen. Kantak machte Angaben über das Bergwerk in Aue, erklärte, dass er im „Ritterstollen" über und unter Tage gearbeitet hätte, dass in der Grube Erz und Radium gewonnen würden, der Stollen erst 150 Meter tief sei und dass in einer Achtstundenschicht 40 bis 50 Loren Gestein gefördert würden. Er schilderte im Einzelnen die Arbeitsvorgänge im Stollen und welche Arbeiter und Steiger in welcher Schicht waren.

Vom Nachrichtendienstoffizier über die Stimmung unter den Neubauern befragt, antwortete er, dass unter ihnen große Missstimmung herrsche, weil ein großer Teil keine Pferde habe und daher nicht richtig arbeiten könne. Als frevelhaft bezeichnete er das Vorgehen der sowjetischen Besatzungsmacht, die Wälder abzuholzen und das Holz nach Russland zu schaffen.

Schriftlich verpflichtete sich Kurt Kantak, „gegen die Unmenschlichkeit, für ein freies Deutschland"[27] zu kämpfen. Mit seiner Unterschrift unter einem von ihm ausgefüllten Fragebogen erklärte er sich bereit, „Spionage-Aufträge entgegen zu nehmen und auszuführen und dass er über die auferlegte und ausgeübte Tätigkeit schweigen solle"[28].

Im Lager Schöningen erhielt Kurt Kantak zusammen mit weiteren elf Flüchtlingen aus der DDR eine zweitägige Schulung für seine Agententätigkeit und die Ermahnung, wahrheitsgemäß zu berichten. Falsche Angaben in den Berichten würden zu einer Bestrafung führen. Man hätte seine Leute dafür.

Kurt Kantak erhielt den Auftrag, nach Aue zurückzukehren und weitere Details über den Uranabbau in Erfahrung zu bringen. Darüber hinaus sollte er Informationen über die Volkspolizei sammeln, an welchen Orten sich Schulen und Einheiten der Bereitschaftspolizei befänden, wie stark diese seien und wie ihre Struktur aussehe. Außerdem sollte er in Erfahrung bringen, wie und an welchen Waffen zu welcher Zeit ausgebildet w e r de. Seine Berichte sollte er an eine Kontaktperson im Sozialamt Berlin-Charlottenburg übergeben.

Kurt Kantak kehrte jedoch nicht nach Aue zurück, weil er immer noch fürchtete, dort gesucht und bestraft zu werden. Er ging erst einmal zurück aufs Land zu seinem Onkel nach Bargensdorf. Am 1. August 1949 nahm er eine Arbeit als Betonmacher auf dem Flugplatz Trollenhagen an. Hier sah er gute Chancen, wertvolle Informationen für seine Auftraggeber vom Geheimdienst zu sammeln, bis sich ihm die Gelegenheit bieten würde, bei der Volkspolizei anzufangen.

Am 1. November folgte Kurt Kantak zusammen mit seinem Cousin Horst Paschen einem Werbeaufruf für den Dienst in der Deutschen Volkspolizei. Zu dem Zeitpunkt hatte Kurt seinen Vetter bereits in seine Agententätigkeit eingeweiht. Davon zeigte Horst sich begeistert und fand es lohnenswert, sich auch verpflichten zu lassen, „denn bei der Arbeit wäre noch etwas zu verdienen"[29].

Obwohl Horst Paschen Ende Januar 1950 die Volkspolizei wegen Disziplinlosigkeit verlassen musste, traf er sich weiter regelmäßig mit seinem Vetter Kantak, mal während dessen Urlaub in Neubrandenburg, mal während dessen Ausgang in Rostock.

Ende Juli sahen sich beide im Rostocker Lokal „Wilhelmsburg" in der Blücherstraße nahe dem Hauptbahnhof. Die 1904 als Ausflugslokal erbaute „Wilhelmsburg" gehörte 1950 als Tanzlokal zur HO und genoss in den späteren Jahren der DDR als „Mau"-Club einen legendären Ruf, bis sie nach der Wende aufgrund zahlreicher Baumängel geschlossen, an den Eigentümer zurückübereignet und abgerissen wurde.

Hier riet Kurt Kantak seinem Cousin, in den Westen zu gehen und sich ebenfalls anwerben zu lassen. Acht Tage vor Paschens Reise in den Westen informierte Kantak Paschen ausführlich über die Volkspolizeischule Rostock. Er beschrieb ihm die Dienstabläufe, neu eingetroffene Waffen und neue Methoden der Verteidigung, die auf dem Lehrplan standen. An der Schule genoss Genosse Unterkommissar Kantak, er war 1950 Mitglied der SED geworden, volles Vertrauen. An Weihnachten erfuhr er dann von Paschen, dass dieser die Informationen übermittelt hätte und nun ebenfalls für die Engländer arbeite und den Flugplatz Trollenhagen auskundschaften sollte, wo Kantak ja drei Monate als Betonmacher gearbeitet hatte.

Ernst Schmidt-Eggers

Der jüngste der drei angeklagten Täter war Ernst Schmidt-Eggers. Er war am 6. März 1932 in der Schillerstraße 8 in Neubrandenburg in der Wohnung seiner Mutter Erna Ella Elisabeth Kessler ein paar Tage zu früh auf die Welt gekommen. Vater und Mutter waren zu diesem Zeitpunkt noch nicht verheiratet. Am 21. März 1932 erschien Ernst August Wilhelm Schmidt genannt Eggers im Standesamt und erklärte, dass er der Erzeuger des Knaben sei und am 19. März Erna Kessler geheiratet habe. Erna Kessler lebte als Haustochter in der Schillerstraße, das heißt als junge Frau in einer fremden Familie, wo sie die Haushaltsführung erlernen sollte. Haustöchter waren keine Hausangestellten, sie wurden in der Regel wie Familienmitglieder behandelt. Der Name des Vaters, Schmidt genannt Eggers, ist ein Hinweis darauf, dass er im Verlauf seines Lebens von einem Herrn Eggers adoptiert wurde. Ursprünglich galt der Genannt-Name nur für die adoptierte Einzelperson, später für die ganze Familie. Seine Briefe unterzeichnete der Vater von Ernst Schmidt-Eggers zeitlebens nur mit Ernst Schmidt.

Aufgewachsen mit einem Bruder und einer Schwester, besuchte Ernst junior ab 1938 sieben Jahre die Volksschule in Neubrandenburg und gehörte hier ab 1942 der Hitlerjugend an. Als der Krieg endete, war Ernst Schmidt-Eggers 13 Jahre alt. In den folgenden zwei Jahren musste er mit Gelegenheitsarbeiten für die unterschiedlichsten Auftraggeber Geld verdienen.

Mit 15 Jahren begann er im April 1947 eine Lehre zum Bäcker, die er im März 1950 abschloss. Einen Monat arbeitete er weiter als Geselle, bewarb sich dann aber, weil ihm die Arbeit in der Bäckerei nicht gefiel, bei der Volkspolizei. Am 5. Mai 1950 wurde er Anwärter und begann seine Ausbildung an der Polizeischule Primerwald bei Güstrow. Dort dürfte er der Freien Deutschen Jugend beigetreten sein. Aber auch Ernst Schmidt-Eggers hatte Probleme mit der Disziplin und dem Befolgen von Befehlen. Aus diesem Grund wurde er bereits fünf Monate später am 30. September 1950 wieder entlassen. Am 1. Oktober begann er als Geselle in der Bäckerei Karl Weden in der Robert-Blum-Straße. Ende November hörte er dort auf und wechselte in die Konsumbäckerei, wo man ihm zum 1. Februar 1951 wieder kündigte. Am 28. Februar wurde er als Tiefbauer eingestellt bei der Bauunion in Ribnitz-Damgarten, einem Betrieb der 1949 gegründeten und zentral geleiteten VVB[30] Bau Union Nord. Im gleichen Betrieb arbeitete zu diesem Zeitpunkt auch sein Vater Ernst Schmidt-Eggers als Polier. Der Zimmermann war auf der im Sommer 1948 gegründeten und sich immer noch im Aufbau befindlichen Boddenwerft in Damgarten eingesetzt. Die Werft entstand auf dem Gelände des früheren Seefliegerhorstes Pütnitz. Gebaut wurden Kutter erst von zwölf, dann von 17 und zum Schluss von 24 Meter Länge, die vor allem als Reparationsleistungen in die Sowjetunion gingen, einige wenige auch an das Fischkombinat Saßnitz.

Im Gegensatz zum Sohn, der drei Jahre der Hitlerjugend angehörte, war der Vater während der Zeit des Nationalsozialismus nicht politisch organisiert. Er trat dann 1946 der neu gegründeten SED bei, die ihren Genossen jedoch zwei Jahre später aus ihren Reihen ausschloss. Schiebergeschäfte waren der Grund, die dem alten Herrn in Neubrandenburg den Spitznamen Schieber-Eggers einbrachte.

In Bezug auf Günter Harders Tod galt für Ernst Schmidt-Eggers der Spruch „Mitgegangen, mitgefangen, mitgehangen". Zwei oder drei Schläge, die er bei der nächtlichen Prügelei vor dem Bahnhof dem Transportpolizisten Ulrich Harz versetzte, führten zu seiner Verurteilung wegen des Mordes. Sein Mitmischen bei der Prügelei mit dem Transportpolizisten hatte dazu beigetragen, dass Kurt Kantak Ulrich Harz die Dienstwaffe entwenden konnte, mit der Horst Paschen bei seiner Festnahme dann Günter Harder erschoss. Das reichte für die Mordanklage.

Ein Resümee

Geboren 1930 und 1932 erlebten Kurt Kantak, Horst Paschen und Ernst Schmidt-Eggers in ihrer Kindheit die totale Erziehung im nationalsozialistischen Geist. Ob schulisch oder außerschulisch, Ziel war es, sie zu rassebewussten Volksgenossen zu formen, ihre Körper zu stählen und sie zu überzeugten Nationalsozialisten zu machen. Die Akten betonen, dass alle drei Mitglied des zur Hitlerjugend gehörenden Deutschen Jungvolks waren, und unterstellen ihnen damit eine faschistische Gesinnung. Aber diese Mitgliedschaft war auch Gesetz. Seit 1939 gab es eine vorgeschriebene Jugenddienstpflicht für alle Kinder und Jugendlichen zwischen zehn und 18 Jahren. Zweimal in der Woche mussten sie zum Dienst bei den Pimpfen, der HJ und die Mädchen im BDM antreten.

Im Mittelpunkt der nach dem Führerprinzip geordneten Organisationen stand die körperliche und ideologische Schulung. Sie umfasste rassistische und sozialdarwinistische Indoktrination und gemeinsame Wanderungen bzw. Märsche und körperliche Übungen im Freien. Diese sollten schon die zehnjährigen Jungen abhärten und langfristig auf den Kriegsdienst vorbereiten. Das Einüben von Befehl und Gehorsam, Kameradschaft, Disziplin und Selbstaufopferung für die „Volksgemeinschaft" gehörte zu den vorrangigen Erziehungszielen.

Ebenso betonten die Ermittler, dass Schmidt-Eggers' Vater Mitglied der NSDAP und Paschens Vater aktives Mitglied der SS war. Nähere Angaben über den Zeitpunkt des Eintritts oder zu genaueren Erkenntnissen, die sie während der Ermittlungen gewannen, machten sie nicht.

Als die Rote Armee in Neubrandenburg einmarschierte, waren die Jungen 14 bzw. 13 Jahre alt. Von einem Tag auf den anderen verloren sie ihre Orientierung. Die Volksgemeinschaft gab es nicht mehr. Jeder war sich selbst der Nächste und musste es sein. Die Bevölkerung war den Launen der sowjetischen Soldaten ausgeliefert. Viele Rotarmisten nahmen sich, was sie

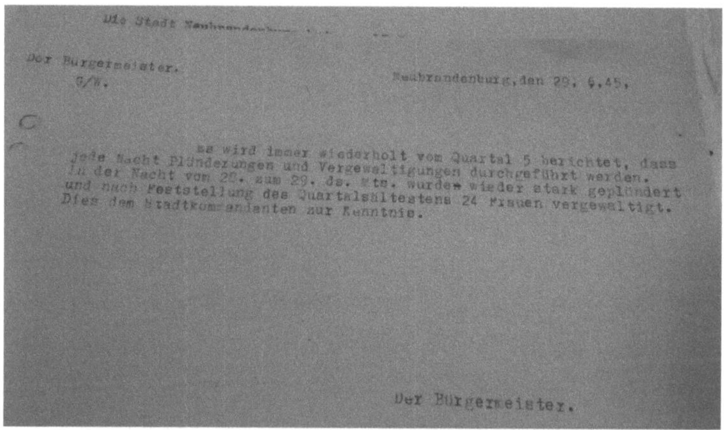

Die Stadt Neubrandenburg

Der Bürgermeister.
G/W.   Neubrandenburg, den 29. 6. 45.

Es wird immer wiederholt vom Quartal 5 berichtet, dass jede Nacht Plünderungen und Vergewaltigungen durchgeführt werden. In der Nacht vom 28. zum 29. ds. Mts. wurde wieder stark geplündert und nach Feststellung des Quartalsältestens 24 Frauen vergewaltigt. Dies dem Stadtkommandanten zur Kenntnis.

Der Bürgermeister.

Die Vergewaltigungen 1945 waren ein Massenphänomen. Aber nicht jede Vergewaltigung war 1945 auch eine. Nur unter Androhung körperlicher Schäden vollzogener Geschlechtsverkehr wurde als Vergewaltigung gesehen; sexuelle Nötigung unterhalb dessen existierte rechtlich oder gesellschaftlich nicht.

Der erste von den Sowjets eingesetzte Nachkriegsbürgermeister Kurt Müklisch stammte aus Sachsen. Er kam mit der 2. Belorussischen Front.

wollten. Beliebt waren Wertgegenstände wie Armbanduhren. Dazu explodierte die sexuelle Gewalt. Frauen wurden in ihren Wohnungen und Kellern missbraucht, teilweise von ganzen Männergruppen, teilweise mehrmals am Tag. Die Soldaten vergewaltigten sowohl junge Mädchen als auch Seniorinnen. In der Nacht zum 28. Juni vergingen sie sich in Neubrandenburg an 24 Frauen, wie der seit dem 3. Mai 1945 von den Sowjets eingesetzte Bürgermeister Kurt Müklisch, der mit der Roten

Armee gekommen und zuvor für das Nationalkomitee Freies Deutschland an der 2. Belorussischen Front tätig war, dem sowjetischen Stadtkommandanten am 29. Juni mitteilte. Die Jugendlichen erlebten die Ohnmacht der eingesetzten deutschen Verwaltungen und ihrer Väter. Dazu kamen Hunger, Krankheiten, eine wachsende Kriminalität, Wohnungsnot und Tausende Flüchtlinge. Nachbarn verschwanden in den Folterkellern des sowjetischen Geheimdienstes, in Internierungslagern und Gefängnissen. Manchmal spurlos für Jahre, manchmal für immer. Nicht selten waren sie von Bekannten denunziert worden. Zwar ließen die persönlichen Übergriffe der Rotarmisten mit den Monaten nach, nicht aber das systematische Beutemachen. Schon zwischen Mai und August 1945 demontierten die Russen in der Maschinenfabrik Lythall Maschinen und Anlagen im Wert von einer Million Reichsmark.[31] Weitere Demontagen betrafen die Torpedoversuchsanstalt am Tollensesee, das Betonwerk Jäger, das an der Demminer Straße gelegene Sägewerk Georg Gundeck und Neubrandenburgs größten (Industrie-)Rüstungsbetrieb, die Mechanischen Werkstätten, in denen Horst Paschen noch am 1. April 1945 eine Lehre als Maschinenbauer begonnen hatte, bevor 30 Tage später die Panzer der Roten Armee durch Neubrandenburg rollten.

Wer persönliche Vorteile erzielen konnte, griff zu. Das war in den Wochen nach Kriegsende nicht anders als 1948 nach der Währungsreform im Westen, ein Jahr später bei der Gründung der DDR oder 1950, als in der BRD die Lebensmittelkarten abgeschafft wurden. Immer machte sich die wachsende Kluft zwischen den beiden deutschen Staaten, zwischen Ost und West, zwischen Sozialismus und Kapitalismus deutlich bemerkbar. Zwar konnten die Ostdeutschen auch 1948 bereits ohne Lebensmittelmarken einkaufen, aber in den Läden der sozialistischen Handelsorganisation (HO) waren die Waren deutlich teurer. Ein Pfund Butter kostete 1950 in den staatlichen Läden 18 Mark, 500

Gramm Jagdwurst 12,25 Mark.[32] Das durchschnittliche Bruttoeinkommen der Werktätigen betrug 1953 gerade einmal 378 Mark, Altersrentner erhielten 94 Mark im Monat.[33] Davor wird es wahrscheinlich noch weniger gewesen sein.

Horst Paschen, Kurt Kantak und Ernst Schmidt-Eggers waren Entwurzelte. Sie waren junge Männer, bei denen Werte wie Ehrlichkeit, Gerechtigkeit, Ordnung, Disziplin, Treue oder Zuverlässigkeit wenig bis gar nicht ausgeprägt waren. Ihnen fehlten der Halt und eine persönliche Perspektive, wie sie der Westen ihnen zu bieten schien. Dort wurden ab 1945 wieder Autos gebaut, spielten alliierte Soldatensender wie American Forces Network (AFN) Jazz und Swing, Boogie, Jive, Bebop und später Rock und Pop und bedienten den Musikgeschmack der jungen Deutschen, während im Osten der Berliner Rundfunk mit dem ihm angeschlossenen Landessender Schwerin und dessen Studio Rostock und der 1948 dazugekommene Deutschlandsender eher die „Liebhaber ernster und heiterer Musik"[34] ansprachen. Und Neubrandenburg tat ein Übriges. Die Stadt bot der Jugend nur wenige Möglichkeiten der Freizeitgestaltung, abgesehen vom Filmpalast oder gelegentlichen Tanzveranstaltungen, die die drei in ihren Vernehmungen erwähnten.

Wohlstand, Erfolg, Freiheit, Abenteuer, Spaß – alles, wovon sie träumten, schien es nur im Westen zu geben oder für Menschen, die sich zu helfen wussten.

Horst Paschen nannte die bessere Verpflegung und gute Kleidung als Gründe, warum er sich am 1. November 1949 mit seinem Cousin bei der Volkspolizei bewarb. Ausschlaggebend wird aber auch die bessere Bezahlung gewesen sein und zumindest bei Kurt Kantak das Gefühl eines sozialen Aufstiegs. Abgebrochene Tischlerlehre, Landarbeiter (Knecht) bei seinem Onkel, Möchtegernbergarbeiter ... Offizier der Volkspolizei.

Und als Volkspolizist genoss man durchaus Privilegien. 1951 sollten beispielsweise in Neubrandenburg innerhalb der

Stadtmauern, entlang der Herbord- und der Friedländer Straße die ersten Wohnbauten errichtet werden. Dazu kam es nicht. Vorrang hatte ein riesiger Verwaltungsbau für die Volkspoli-

Statt Wohnungen, die geplant waren, wurden 1951 ein Verwaltungsgebäude für die Polizei und diese Zentralambulanz in Darrenstraße errichtet.

zei und eine Zentralambulanz für deren Angehörige. Polizisten wurden zur Solidaritätsarbeit für den ihnen zugedachten Wohnungsbau während ihrer Dienstzeit verpflichtet. Sie mussten also nicht wie der Normalbürger unbezahlt und in seiner Freizeit am Bau seiner neuen Wohnung arbeiten, deren Ausstattung dann auch noch geringwertiger ausfiel als geplant: im Bad ein Anstrich mit Ölfarbe statt Fliesen und kein Badeofen.

Nicht außer Acht lassen darf man bei der Beurteilung der drei jungen Männer die zeitlichen Umstände und Ereignisse. Zwischen Ost und West verschärfte sich mehr und mehr der Kalte Krieg. In Korea wurde er ab 1950 heiß ausgetragen. In der SED hatten sich die stalinistischen Kräfte durchgesetzt, was zu einem Kurswechsel führte. Statt weiter auf demokratischem Weg zum Sozialismus zu gelangen, orientierte man sich jetzt am von Stalin geprägten Marxismus-Leninismus. Unter Walter Ulbrichts Führung – er stand seit dem 25. Juli 1950 als Generalsekretär der SED an der Spitze der Partei – wurde die Umgestaltung der politischen und wirtschaftlichen Ordnung der DDR nach dem Vorbild der Sowjetunion zum Programm. Dazu zählte auch die Gründung des Ministeriums für Staatssicherheit, das aus den Kommissariaten 5 (Politische Polizei) der Volkspolizei hervorging, die sich im Übrigen zur Mutter aller bewaffneten Organe der DDR entwickelte und bereits 1949/50 über militärisch agierende Bereitschaften verfügte, die sowjetischem Strafrecht unterstanden, Sippenhaft eingeschlossen. Angehörige eines Deserteurs konnten mit bis zu zehn Jahren Zwangsarbeit bestraft werden.

Die Ermittler

Während Horst Paschen unmittelbar nach dem von ihm abgegebenen tödlichen Schuss auf Günter Harder von Angehörigen der Transportpolizei am Bahnübergang in der Demminer Straße festgenommen wurde, verhaftete die Kripo Ernst Schmidt-Eggers erst in den Morgenstunden zu Hause an der Hintersten Mühle. Kurt Kantak wurden am Nachmittag im Krankenhaus die Handschellen angelegt, wo er sich aufgrund seiner Schussverletzung an der linken Hand noch in Behandlung befand.

Die offiziellen Haftbefehle gegen die drei Neubrandenburger ergingen am 27. März durch das Kriminalamt Schwerin. Sie trugen die Unterschrift von Otto Last und wurden durch den Aufsichtsführenden Staatsanwalt für den Befehl 201, Oberstaatsanwalt Bostelmann von der Staatsanwaltschaft Schwerin, bestätigt. Beim Befehl 201 der Sowjetischen Militäradministration in Deutschland (SMAD) vom 16. August 1947 ging es primär darum, die Kontrollratsdirektive 24 zur Entnazifizierung und die Direktive 38, Bestrafung von Nationalsozialisten, in einem gültigen Rechtsakt umzusetzen. Anders als in den Westzonen wurden im Osten die Bestimmungen des Alliierten Kontrollrates als Strafgesetz angewandt.

In Verbindung mit Artikel 6 der DDR-Verfassung bildete die Direktive 38 die Grundlage für das politische Strafrecht der DDR. Der Artikel „Aktivist ist auch, wer nach dem 8. Mai 1945 durch Propaganda für den Nationalsozialismus oder Militarismus oder durch Erfindung und Verbreitung tendenziöser Gerüchte den Frieden des deutschen Volkes oder den Frieden der Welt gefährdet hat oder möglicherweise noch gefährdet"[35] wurde in der DDR zu einem universell einsetzbaren Tatbestand. Und so war es klar, dass der Überfall auf einen Transportpolizisten und der damit im Zusammenhang stehende Tod des Seepolizisten Günter Harder ein Fall für die Landesverwaltung Mecklenburg der Staatssicherheit wurden.

Otto Last führte 1951 als Inspekteur (Oberst) die Landesverwaltung Mecklenburg des Ministeriums für Staatssicherheit. Im September 1951 wurde er stellvertretender Minister für Staatssicherheit der DDR.

Otto Last, ein gelernter Stellmacher, KPD-Funktionär, Absolvent der SED-Parteihochschule „Karl Marx" und bis 1949 1. Sekretär der SED-Kreisleitung Schönberg, der für das Kriminalamt Schwerin den Haftbefehl unterzeichnete, war 1949 bei der Volkspolizei eingestellt worden und leitete ab Februar 1950 als Inspekteur (Oberst) die Landesverwaltung der Staatssicherheit. In dieser Funktion unterschrieb er am 27. März auch gemeinsam mit dem Kommandeur (Oberstleutnant) Erwin Jung, Leiter der Abteilung IX, die als geheime Verschlusssache (GVS) eingestuften Haftbeschlüsse[36] für Horst Paschen, Kurt Kantak und Ernst Schmidt-Eggers.

Neben den Haftbefehlen des Kriminalamtes Schwerin und den Haftbeschlüssen der Landesverwaltung der Staatssicherheit unterschrieb Otto Last am gleichen Tag auch die Beschlüsse gegen die drei bereits Festgenommenen, mit denen „das Strafver-

Kriminalamt Schwerin (Ort)   Schwerin, den 27.3.51 (Ort) (Datum)

88 4

Fernsprecher:

Aktenzeichen:

BStU 000087

Haftbefehl.

Der Horst Paschen
(Beruf) (Vorname) (Name)

geb. am 31.12. 1938 in Neubrandenburg
(Datum) (Ort, Kreis)

wohnhaft in Neubrandenburg,
(Ort, Kreis) (Straße)

ist zur Untersuchungshaft zu bringen.

Paschen wird beschuldigt,
(Name)

1. sich nach AbschnII, Art.III,Ziffer A/III der Direktive 38
2. vergangen zu haben

Einsetzen der in Betracht kommenden Tatbestände der Kontrollratsdirektive Nr. 8, Abschn. II, Art. II oder III.

Hauptverbrechen (bzw. Verbrechen) nach Abschnitt II Art. II (bzw. Art. III) Ziff. ...... der Kontrollratsdirektive Nr. 38 vom 12. 10. 1946.

Paschen ist dieser Straftat dringend verdächtig und es besteht Verdunkelungsgefahr (bzw. Fluchtverdacht).

Bestätigt

Schwerin, den 27. 3. 19 51

Der aufsichtsführende Oberstaatsanwalt für den Befehl 201

(Unterschrift und Dienstrang)

Din A 5
148x210 mm
Pol.-Vordruck
Nr. 0012
100 000. 10. 47.

(21) Druck: Harry Schwarzer, Berlin O 17, Markusstr. 52

Heftrand

Haftbefehl des Kriminalamtes Schwerin für Horst Paschen

Deutsche Demokratische Republik
Ministerium für Staatssicherheit

Verwaltung Land Mecklenburg

Abtlg. (Kreisst.) IX.

GVS

Haftbeschluß

Schwerin, den 27. 3. 1951

Der / Die

Name: Paschen

Vorname: Horst

Geburtstag und Ort: 31. 12. 1930 in Neubrandenburg

Beruf: Elektriker

Familienstand: ledig

Wohnungsanschrift: Neubrandenburg, ▮▮▮▮▮▮▮▮

ist aus den unten angeführten Gründen in Haft zu nehmen.

Gründe der Inhaftierung: Der Obengenannte führte in der Nacht vom 23.zum 24.3.1951 mit noch zwei anderen Personen einen Überfall auf einen Vp.-Angestellten in Neubrandenburg durch,entrissen dem Vp.-Angest. die Waffe.P.machte bei seiner Festnahme von der Schusswaffe Gebrauch und tötete hierbei einen Angest.der Seepolizei. Bei P.wurde im Laufe der Vernehmungen festgestellt, daß er für den englischen Geheimdienst zur Spionagetätigkeit verpflichtet war. Der Mitarbeiter der Abteilung (Kreisdienststelle) IX.

(Unterschrift)

Einverstanden der Leiter der Abtlg. (Kreisdienstst.) IX.

(Unterschrift)

Bestätigt:

(Unterschrift)

Datum: Schwerin, den 27. 3. 1951

Form C 8

*Haftbeschluss der Landesverwaltung für Staatssicherheit
für Horst Paschen*

Kriminalamt Schwerin
            Ort

Schwerin, den 27. 3. 1951
                Ort   Datum

87

Beschluß

Gegen den ________________ **Horst** **P a s c h e n**
              Beruf   Vorname   Name

geb. am **31. 12. 30** ________ in **Neubrandenburg**
              Datum   Ort, Kreis

wohnhaft in **Neubrandenburg,** ████████████
              Ort   Straße

wird auf Grund der eingegangenen Unterlagen, nämlich

eigenes Geständnis
____
Anführung der Unterlagen gem. Ziffer 2 der Ausführungsbest. Nr. 5 zum Befehl 201 der SMAD

sowie auf Grund der polizeilichen Ermittlungen das Strafverfahren als

Verbrecher
____
Hauptverbrecher, Verbrecher oder Minderbelasteter

nach Abschnitt **II,** ~~Gruppe~~ **III,** Ziffer **A/III,** ~~Buchstabe~~ der Kontroll-
                I, II oder III   A–O   1–

ratsdirektive Nr. 38 eingeleitet.

Gleichzeitig wird gegen **P a s c h e n** _________________ Untersuchungshaft angeordnet
                                    Name

„entweder" (nur bei Hauptverbrechern)
gemäß Ziffer 6 der Ausführungsbestimmung Nr. 3 zum Befehl 201 der SMAD

„oder"
weil die Gefahr besteht, daß das Verbleiben des Angeschuldigten in Freiheit sich ungünstig
auf den Gang der Untersuchung auswirkt (Verdunkelungsgefahr)

„oder"
weil die Gefahr besteht, daß der Angeschuldigte sich der Strafverfolgung wegen der zu
erwartenden hohen Strafe entziehen könnte (Fluchtverdacht).

B e s t ä t i g t

Schwerin, den **27.3. 1951**
Der aufsichtsführende Oberstaatsanwalt
für den Befehl 201

____
                              Unterschrift

____
                              Dienstrang

Beschluss des Kriminalamtes Schwerin zur Eröffnung des Strafverfahrens gegen Horst Paschen

fahren als Verbrecher nach Abschnitt II, Art. III, Ziffer A/III, der Kontrollratsdirektive 38 eingeleitet"[37] wurde.

Am Tag zuvor hatte jemand telefonisch angeordnet, dass „der Vorfall" in Neubrandenburg durch zwei Mitarbeiter der Verwaltung Schwerin untersucht werde.[38]

Zuständig für Ermittlungsverfahren in allen Fällen mit politischer Bedeutung – der Angriff auf einen Transportpolizisten und die Tötung eines Anwärters der Seepolizei waren derartige Fälle – war die Ermittlungsabteilung IX der Landesverwaltung für Staatssicherheit. Ihre Wurzeln reichen zurück in die Zeit vor der Gründung der DDR. Bereits 1945/46 wurden in den Landes- und Provinzialverwaltungen der sowjetischen Besatzungszone (SBZ) „Ämter für Information" gebildet, die Stimmungen und Meinungen ausforschten sowie Kontrollfunktionen gegenüber den Behörden wahrnahmen. Die eigentlichen organisatorischen Vorläufer der DDR-Staatssicherheit waren jedoch die 1947 auf Landesebene gebildeten K5-Dezernate der Kriminalpolizei, die vor allem als Hilfsorgan der sowjetischen Besatzungsmacht fungierten. Ihnen oblag unter anderem die gesamte Ermittlungsarbeit für den Befehl Nr. 201 der Sowjetischen Militäradministration (SMAD). Am 6. Mai 1949 wurden sie in einen eigenständigen Apparat umgewandelt, der die Tarnbezeichnung „Hauptverwaltung zum Schutz der Volkswirtschaft" trug und zunächst der Deutschen Verwaltung des Inneren, dem späteren DDR-Innenministerium, unterstand. Im Februar 1950 wurde sie ausgegliedert und in ein eigenständiges Ministerium, das Ministerium für Staatssicherheit, umgewandelt. Die Dienstgrade orientierten sich weiter an denen der Volkspolizei. Erst 1952 wurden dort militärische Dienstgrade eingeführt, um die militärische Befehlsstruktur weiter zu stärken.

Die Ermittlungsabteilung IX nahm in den Gerichtsverhandlungen direkten Einfluss auf Verlauf und Urteilsfindung. Erich Mielke, 1951 als Staatssekretär zweiter Mann im Ministerium für

Staatssicherheit, unterstrich die Bedeutung der Hauptabteilung IX, der die Landesabteilungen IX unterstellt waren, durch seine Mitgliedschaft in deren SED-Grundorganisation. Im Fall Günter Harder wurde er nicht nur ständig persönlich informiert, er schlug dem Generalstaatsanwalt der DDR, Dr. Ernst Melsheimer, auch die Urteile vor, die sein Ministerium, also er, vom Landgericht Schwerin erwartete: „1. Paschen – Todesstrafe, 2. Kantak – lebenslänglich, 3. Schmidt – 10 –15 Jahre."[39] Mielke waren die Vorgaben des DDR-Chefanklägers, der unter den Nazis Karriere gemacht hatte, bevor er 1945 in die KPD eintrat und jetzt für den Sozialismus stritt, zu lasch. Paschen und Kantak sollten, so

Dr. Ernst Melsheimer war der erste Generalstaatsanwalt der DDR. In seinem von 1949 bis 1960 ausgeübten Amt vertrat er die Anklage in zahlreichen Geheim- und Schauprozessen.

Erich Mielke war 1951 als Staatssekretär zweiter Mann im Ministerium für Staatssicherheit der DDR. 1957 wurde er Minister. Bis zu seinem erzwungenen Rücktritt 1989 blieb er im Amt.

Melsheimer, lebenslänglich einfahren, Schmidt-Eggers 12 Jahre. Mielke wollte aber ein Todesurteil.[40]

Kommandeur Erwin Jung, der die für Untersuchungsverfahren zuständige Abteilung IX in Schwerin leitete, hieß eigentlich Heinz Hagemeister. Er hatte 1945 die Identität eines alten KPD-Genossen namens Erwin Jung angenommen, mit dessen in Scheidung lebender Ehefrau er ein Verhältnis hatte. In den folgenden Jahren stieg er als SED-Parteiarbeiter und ab 1949 in der Landesverwaltung Mecklenburg der Staatssicherheit bis zum Abteilungsleiter auf. Wenige Monate nach dem Abschluss der Untersuchungen im Fall Günter Harder entlarvten seine Genossen seine falsche Identität – der echte Erwin Jung hatte Anzeige erstattet – und verhafteten ihn. Er wurde später zu sechs Jahren Zuchthaus verurteilt, die Hintergründe für seinen Namenswechsel konnten (oder sollten) nicht aufgeklärt werden.

Heinz Hagemeister gab zu Protokoll, dass er während des Krieges einer Fallschirmjägersonderheit der Wehrmacht angehört habe, die zur Partisanenbekämpfung eingesetzt war und unter anderem den Auftrag hatte, den jugoslawischen Partisanenführer Tito zu fassen. Aus diesem Grund hätte er sich tarnen wollen.

Zahlreichen Angaben aus seinem Umfeld, wonach er Mitglied der NSDAP und der SS gewesen sei und im April 1945 Werwolf-Aktivitäten geplant habe, ging man nicht nach. Die Stasi-Ermittler gaben sich mit seiner Antwort zufrieden, dass sein Geltungsbedürfnis ihn dazu getrieben habe, derartiges fälschlicherweise von sich selbst zu behaupten.[41]

Der Fall Erwin Jung (Heinz Hagemeister) zeigt, dass die Überprüfungsmethoden der Kaderwerber keineswegs perfekt waren. Das Ministerium für Staatssicherheit war erst am 8. Februar 1950 gegründet worden und befand sich noch in seiner unmittelbaren Aufbauphase. Für eine tiefgründige Überprüfung oder für Testphasen vor der Einstellung fehlte die Zeit. Das führte dazu, dass viele Jung-Tschekisten als ungeeignet entlassen wurden, darunter auch einige, die ihre NS-Vergangenheit verschwiegen oder sich aktiv tarnten.

Im Fall Günter Harder gab es neben Kommandeur Jung

noch einen zweiten Mann, der seine Karriere auf eine Namensänderung und einen frisierten Lebenslauf aufgebaut hatte. Die Rede ist vom stellvertretenden Leiter der Abteilung IX, Sylvester Murau, Oberrat der Volkspolizei (Major). Murau wurde 1907 in Mewe, heute Gniew, einer Kleinstadt in der polnischen Woiwodschaft Pommern, als Sylvester Murawsky geboren. Er lernte nach der Volks- und Mittelschule im elterlichen Betrieb den Beruf eines Fleischers. 1922 optionierte er für die polnische Staatsbürgerschaft und trat 1924 in die KP Polens ein. Zwei Jahre später wechselte er zur Nationalen Arbeiterpartei Polens. 1939 machte er sich als Viehhändler selbstständig und trat dem sogenannten „Selbstschutz" bei, der sich aus Volksdeutschen zusammensetzte, der SS unterstellt war und die schwarze Unform mit dem Totenkopf-Abzeichen trug. Das bewahrte ihn allerdings nicht vor einer Verurteilung wegen eines Verstoßes gegen Bestimmungen der deutschen Besatzungsmacht im Sommer 1940 zu drei Jahren

Gefängnis. Dennoch ließ er seinen Namen eindeutschen und nannte sich Sylvester Murau. Wegen Wilddieberei und illegalen Waffenbesitzes wurde er 1944 erneut verurteilt und ein Jahr später aus dem Gefängnis in Celle befreit. Zunächst nach Polen zurückgekehrt, siedelte er bald darauf mit Frau und Kindern in die sowjetische Besatzungszone über. Nach einer kurzen Tätigkeit als Hafenarbeiter wurde er am 15. November 1947 in Wismar als Anwärter bei der Landespolizei Mecklenburg eingestellt. Im Oktober 1948 verpflichtete er sich für weitere drei Jahre.

VP-Oberrat (Major) Sylvester Murau, stellvertretender Leiter der Ermittlungsabteilung IX

Zum 10. November 1949 wurde Oberwachtmeister Murau in die Abteilung K5 der Volkspolizei versetzt, einem direkten Vorläufer des MfS, und schon wenige Wochen später vom Wachmann zum operativen Mitarbeiter im Rang eines Kommissars (Leutnant) befördert. Zum 1. April 1950 folgte seine Ernennung zum stellvertretenden Leiter der Polizeidienststelle Wismar im Rang eines Polizeirats (Hauptmann). Zwei Monate später wurde Murau zur Landesverwaltung des MfS nach Schwerin versetzt. Dort machte man aus ihm, der ein Jahr zuvor noch Oberwachtmeister (Unteroffizier) gewesen war, den stellvertretenden Leiter der Abteilung IX im Rang eines Oberrats der Volkspolizei (Major).

Sylvester Murau wäre sicher weiter sehr schnell innerhalb des Ministeriums aufgestiegen. Er genoss den Ruf eines klassenbewussten, parteitreuen und in jeder Hinsicht zuverlässigen Mitarbeiters. Die Voraussetzungen für sein Lebensschauspiel hatte er durch seine fingierte Biografie geschaffen. In einem Fragebogen hatte er 1949 angegeben, dass er keiner faschistischen Organisation angehört habe, sondern Mitglied der kommunistischen Partei gewesen sei, Widerstand geleistet habe und wegen Wehrkraftzersetzung verurteilt worden sei. Beim Kleben politischer Plakate sei er verhaftet worden. Als Beweis dafür führte er seine Entlassungspapiere aus dem Zuchthaus Celle an, die seine politische Haft im KZ Stutthof, Gefängnis Danzig, Zentralgefängnis Stuhm, KZ Deutsch Eylau, KZ Neuengamme und Zuchthaus Celle belegen sollten. Der wahre Grund für seine Verurteilung und ob er als krimineller oder politischer Häftling eingesessen hatte, ging aus diesen Dokumenten allerdings nicht hervor.

Ob es der rasante Aufstieg Muraus war, seine Blitzkarriere Neid hervorrief oder ob Herkunft und bisheriges Leben selbst für die Personalverwaltung zu mustergültig waren, ab Oktober 1950 versuchte man, von den unterschiedlichsten Stellen Belege für Muraus Vergangenheit zu beschaffen. Und obwohl es im

März 1951 bereits erhebliche Zweifel an seinen biografischen Angaben gab, wurde er nicht von seiner Funktion als stellvertretender Leiter der Untersuchungsabteilung abberufen. Er gehörte zu den Vernehmern von Horst Paschen, Kurt Kantak und Ernst Schmidt-Eggers, verfasste Berichte oder zeichnete sie ab.

Drei Tage bevor der Prozess gegen die drei jungen Männer am 25. April in Neubrandenburg begann, saß Sylvester Murau selbst Zelle an Zelle mit ihnen als Häftling in der Untersuchungshaftanstalt des Ministeriums für Staatssicherheit in der Schweriner Klosterstraße, das sich hinter der heutigen Staatskanzlei befand und längst abgerissen ist. Er hatte sich im betrunkenen Zustand eines Dienstvergehens schuldig gemacht, das sein Chef, Kommandeur Erwin Jung (Heinz Hagemeister) ausnutzte, gegen seinen Stellvertreter vorzugehen. Zwischen den beiden Offizieren bestand schon länger ein gespanntes Verhältnis. Murau schien gewusst zu haben oder zu vermuten, dass Jung unter einer erfundenen Identität zum MfS gekommen war.

Murau gehörte nun, wie die drei Neubrandenburger, zu den Untersuchungshäftlingen. Sie wurden vollständig von der Außenwelt isoliert, erhielten oftmals weder Sprech- noch Schreiberlaubnis und waren ständigen Dauerverhören sowie Nachtvernehmungen ausgesetzt. Eine solche Befragung konnte am Tag beginnen, in der Nacht fortgeführt werden und vielleicht erst am Abend des nächsten Tages oder in der darauffolgenden Nacht enden. Dabei wechselten sich die Vernehmer ab.

Noch in der ersten Hälfte der 1950er-Jahre prägten Schikanen den Haftalltag. Wasser stand nur in geringer Menge zur Verfügung. Toilettenartikel wie Seife und Zahnbürsten waren nicht vorhanden. Anstaltskleidung gab es ebenso wenig wie Wäschestücke zum Wechseln. Um Geständnisse zu erpressen, schlugen die Vernehmungsoffiziere auch zu.

Am 13. Juni 1951 wurde Sylvester Murau offiziell aus dem Dienst der Staatssicherheit entlassen, einen Monat, nachdem

Kommandeur Jung wegen falscher Personalangaben hatte gehen müssen.

Murau half 1953 Susanne Krüger, einer Sekretärin aus der Personalverwaltung im Rang eines Kommissars (Leutnant), sich in den Westen zu ihrem bereits geflohenen Mann Bruno, Kommissar und Vernehmer der Abteilung IX, abzusetzen. Da er nun annahm, zeitnah verhaftet zu werden, floh er selbst am 2. Oktober 1954. Wie das Ehepaar Krüger wurde auch Murau von der Stasi zurück in die DDR entführt, angeklagt, zum Tode verurteilt und 1956 in Dresden durch das Fallbeil hingerichtet.[42]

Die Ermittlungsakten im Fall Günter Harder vermitteln aus heutiger Sicht den Eindruck großer Schlampigkeit. Sie strotzen vor einfachen Fehlern und widersprüchlichen Angaben. So wird aus Kantaks Lehrmeister Pasewald in den Akten ein Pasewalk. Im Zusammenhang mit Schmidt-Eggers ist mal die Rede von Bäcker Wehden und mal von Bäcker Weden. Gravierender als die nicht korrigierten Tippfehler ist ein falsches Geburtsdatum von Ernst Schmidt-Eggers, das in mehreren Dokumenten mit dem 6. März 1926 angegeben wird.[43] Er kam aber am 6. März 1932 zur Welt. Am Tattag wurde für ihn auch ein falscher Name benutzt. In einem 17.46 Uhr abgesetzten Fernschreiben vom 24. März an Staatssekretär Erich Mielke ist zu lesen: „Der 3. TAETER HEISZT GERHARD ERNST ECKERT, GEB. 6.3.32 IN NEUBRANDENBURG."[44] Überhaupt fällt ins Auge, dass zu dem dritten Täter keinesfalls umfassend ermittelt wurde. Nachdem klar war, dass er mit Paschen und Kantak nur an dem Überfall auf den Transportpolizisten Ulrich Harz beteiligt war und er im Gegensatz zu den zwei anderen nicht spionierte, schienen die Ermittler an seiner Person nicht mehr sehr interessiert gewesen zu sein. Wichtig war ihnen nur noch, dass Schmidt-Eggers eine feindliche Einstellung zur Sowjetunion und der demokratischen Entwicklung in der Republik zugab. Und um diese Aussagen zu erhalten, schienen sie nicht zimperlich gewesen zu sein. In den

Akten ist von Schlägen zu lesen, die Schmidt-Eggers mindestens bei einer Vernehmung erhalten hat.[45] Wohl vor dem Hin-

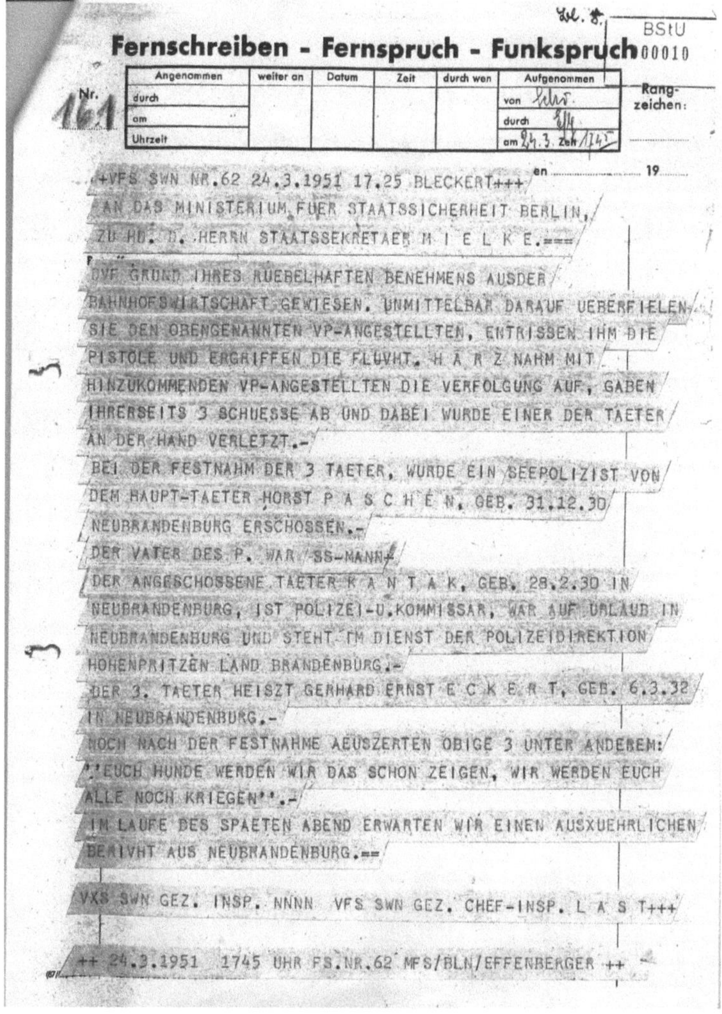

Fernschreiben der Schweriner Stasiermittler vom Tattag mit einem falschen Namen von Ernst Schmidt-Eggers

tergrund, dass die Mitarbeiter der MfS-Verwaltung Schwerin wegen „Spionage und Terror"[46], in der Reihenfolge, ermittelten.

Schmidt-Eggers war „Beifang". Das macht auch ein Schreiben von Paul Rumpelt, Leiter der Abteilung IV (Spionageabwehr) des Ministeriums für Staatssicherheit in Berlin an Otto Last, den Chef der Schweriner Verwaltung deutlich. In Bezug auf Muraus Bericht vom 11. April forderte er eine „nochmalige Vernehmung aller belasteten Personen"[47]. Die Belasteten sollten die genaue Adresse der englischen Dienststelle in Westberlin angeben und wie oft sie dort gewesen waren. Sie sollten die Namen der englischen Offiziere nennen und sie charakterisieren. Darüber hinaus war man an den Namen und genauen Beschreibungen von Deutschen interessiert, die für die Engländer arbeiteten (Dolmetscher, Kraftfahrer, Verwaltungsangestellte usw.). Die Spionageabwehr wollte wissen, ob sie Hauptagenten kannten, die in Westberlin oder der DDR wohnten und noch nicht festgenommen worden waren, und ob diese Kontakte zu anderen Personen in der Republik hätten. Weiter sollte Otto Last Auskunft darüber geben, welche Möglichkeiten die Verwaltung Mecklenburg hätte, diese Personen anzuwerben oder festzunehmen.

Das Opfer

1950 als Seepolizeischule gegründet, diente die Flottenschule in Parow bis 1990 der Ausbildung von Maaten und Matrosen der Volksmarine der DDR. Hier erhielt Günter Harder seine Ausbildung.

Drei Monate nachdem ihn die tödliche Kugel traf, wäre Günter Harder 20 Jahre alt geworden und zurück in der Seepolizei-Schule in Parow gewesen. Am 28. Februar 1950 war im Bereich der Hauptverwaltung für Ausbildung des Ministeriums des Innern die Hauptabteilung z.b.V. (See) geschaffen worden, die die organisatorischen Vorbereitungen zur Bildung einer Seepolizei zu koordinieren hatte. Auf der Grundlage eines Ministerratsbeschlusses vom 15. Juni 1950 wurde die Hauptverwaltung Seepolizei (HVS) zum 16. Juni 1950 gegründet und dem Ministerium des Innern unterstellt. Am 1. März 1950 war der ehemalige Leiter der Wasserschutzpolizei Mecklenburgs, Polizeiinspekteur Walter Steffens, beauftragt worden, auf dem Gelände des ehemaligen Fliegerhorstes Parow fünf Kilometer nördlich von Stralsund eine Seepolizeischule aufzubauen. Am 1. August 1950 rückten die ersten Freiwilligen dort ein. Am 1. September begann der erste Vorbereitungslehrgang mit rund 400 Kursanten, am 3. Januar 1951 der erste Unteroffizierslehrgang, zwei Tage später der erste Offizierslehrgang mit 100 Anwärtern.

Als Günter Harder Ostern 1951 als Urlauber zu Hause bei seiner Familie eintraf, hatte er gerade seine Grundausbildung abgeschlossen. Er wollte Seeoffizier werden. Zwei Jahre hätte seine Ausbildung gedauert. Unteroffiziere lernten ein Jahr, Mannschaftsdienstgrade neun Monate. Günter sei zielstrebig gewesen und habe etwas erreichen wollen, sagt sein sechs Jahre jüngerer Bruder

Günter Harders jüngerer Bruder Jürgen machte 1956 in Neubrandenburg Abitur und folgte dem Beispiel seines Bruders. Er wurde Seeoffizier.

Jürgen während eines Interviews im September 2020, der Günters Beispiel folgte, 1956 am Lessing-Gymnasium sein Abitur ablegte, Seeoffizier wurde und im Rang eines Kapitäns zur See 1975-1976 Gehilfe des Militärattachés in Jugoslawien, 1977-1981 Militärattaché in Zypern und 1983/84 Militärattaché der DDR in Griechenland war. Günter war tatendurstig, dynamisch, aufgeschlossen, ein aktiver junger Mann. „Kein Schwätzer", wie sein Kamerad, der spätere Korvettenkapitän Willy Wagner, betonte, „und immer vorne zu finden"[48]. Günter war dazu ein geselliger Typ. Zu seinen Leidenschaften gehörte das Singen. In Parow gehörte er dem Chor der Seepolizeischule an.

Jürgen Harder erinnert sich heute nicht mehr, ob sein Bruder damals eine Polizeiuniform mit blauer Jacke und goldenen Knöpfen, blauer Hose und blauem Hemd sowie einem weinroten Binder trug, am linken Oberarm der Uniformjacke ein Drei-

Günter Harder in seiner blauen Polizeiuniform

Günter Harder in der Marineuniform eines Seepolizisten

eck mit der Aufschrift „Seepolizei", oder ob er sich der Familie in maßgeschneiderter Matrosenuniform mit kurzer Jacke (Collani), Schlag-Klapphose ohne Koppel und weißem T-Shirt mit kurzen Ärmeln präsentierte. Wichtiger waren Jürgen damals die Geschenke, die der große Bruder für ihn, seine Schwestern und seine Eltern mitgebracht hatte. Alle waren bedacht worden. Das gehörte zu Günters Naturell. Familie war ihm wichtig.

Der Krieg hatte Günter geprägt. Er war früh erwachsen geworden. Als 13-Jähriger hatte er in seiner Heimatstadt Königsberg die schweren Bombardements englischer Flieger erlebt, die 130.000 Menschen obdachlos machten, und wenige Monate später die Angriffsoperationen der Roten Armee und der Baltischen Flotte, die zur Einnahme der ostpreußischen Hauptstadt führten und der Familie Harder die Heimat raubten. Gerade noch rechtzeitig konnte die Mutter mit den vier Kindern in Richtung Westen fliehen. Und auch dem Vater, einem Lokführer, gelang es zu entkommen.

In Neubrandenburg traf sich die Familie wieder. Als erfahrener Eisenbahner war Paul Harder ein gefragter Experte, dem man schnell Verantwortung als Lokdienstleiter bei der Reichs-

Nach Angaben von Jürgen Harder wohnte seine Familie in der Greifswalder Straße 3, die damals noch keine Sackgasse war, sondern auch von der Demminer Straße aus befahren werden konnte.

bahn übertrug. Gemeinsam mit dem Lokführer Orlowski, auch einem ehemaligen Königsberger, hatte er im Mai 1945 die erste

Lok unter Dampf gesetzt und die Arbeit auf dem Bahnhof Neubrandenburg begonnen. Das Vorbild des Vaters spiegelte sich in Günter. Drei Jahre lernte er von 1945 bis 1948 bei der Firma Heinrich Erle in der Demminer Straße, ganz in der Nähe der Greifswalder Straße 3, wo die Familie laut Jürgen Harder wohnte. Diese Angabe steht jedoch im Widerspruch zu dem am 24. März 1951 gegen 2 Uhr im Krankenhaus ausgestellten Totenschein für Günter Harder,[49] seine am 22. April 1951 ausgestellte Sterbeurkunde[50] und dem am 17. April 1951 datierten Eintrag im

Dem Totenschein, der Sterbeurkunde und dem Eintrag ins Sterberegister des Standesamtes für Günter Harder zur Folge lebte seine Familie in der Greifstraße 3, im Vogelviertel, das bis Kriegsende Dietrich -Eckart-Siedlung hieß und nach dem 1923 verstorbenen Verleger des „Völkischen Beobachters" benannt worden war. Die Greifstraße trug den Namen Wilhelm Gustloffs, des 1936 erschossenen Landesgruppenleiter der NSDAP-Auslandsorganisation in der Schweiz.

Sterbebuch des Neubrandenburger Standesamtes. Der erfolgte, „nach der schriftlichen Anzeige der Polizeiverwaltung Neubrandenburg vom 6.4.1951"[51], wie auf der Urkunde vermerkt. Alle drei Dokumente nennen als Adresse die Greifstraße 3.

Angesprochen auf diesen Widerspruch bekräftigt Jürgen Harder telefonisch im Januar 2021 noch einmal, die Adresse in der Greifswalder Straße. Zuerst habe seine Familie einen Aufgang weiter in der Nummer 5 gelebt, sieben Personen in einem Zimmer bei Frau Bohnsack. Bald darauf seien die Harders in eine eigene Wohnung im Nachbaraufgang, die Nummer 3 gezogen.

Den theoretischen Unterricht absolvierte Günter Harder in der kommunalen Berufsschule, die 1947 in das im Krieg nicht

Nr. *121*   __c__

Neubrandenburg, den *17. April* 19*51*

vgl D~~er~~ *Volkspolizeiangestellte Günter Harder*

wohnhaft in *Neubrandenburg, Greifstraße 3*

ist am *24 März 1951 gegen* um *2* Uhr *00* Minuten

in *Neubrandenburg auf dem Transport vom Krankenhaus* verstorben.
am Pferdemarkt [...] und Nachkrankenhaus

D~~er~~ Verstorbene war geboren am *21. Juni 1931*

in *Königsberg i/ Pr.*

(Standesamt *Königsberg* ———— Nr. *541/1931*).

Vater: *Lokomotivführer Paul Otto Harder*

wohnhaft in Neubrandenburg

Mutter: *Else Berta Harder, geborene Domnik,*

wohnhaft in Neubrandenburg.

D~~er~~ Verstorbene war — nicht — verheiratet.

Eingetragen auf ~~mündliche~~ — schriftliche Anzeige *der Polizei-*

verwaltung in Neubrandenburg vom 6. 4. 1951.

D~~er~~ ~~Anzeigende~~

~~Vorgelesen, genehmigt und~~ ———— ~~unterschrieben:~~

Der Standesbeamte

[Unterschrift]

Todesursache: *Halsdurchschuß, wahrscheinlich Schlagader-*
verletzung. Wurde auf bekannten Täter erschossen.

Eheschließung de~~s~~ Verstorbenen am ———— in ————

(Standesamt ———————— Nr. —————).

Eintrag im Sterberegister des Standesamtes von Günter Harder, ausgestellt nach Meldung der Polizeiverwaltung vom 6. April 1951

zerstörte Hofgebäude des einstigen Gymnasiums eingezogen war und später nach dem Aktivisten Adolf Hennecke benannt wurde. Bereits im zweiten Lehrjahr war der junge Harder Kreiswettbewerbssieger bei den Maschinenschlossern. Ausgelernt und gerade einmal 17 Jahre alt, ging Günter nach Stralsund zur gerade gegründeten Volkswerft. Auf dem Gelände der enteigneten Kröger-Werft, die Schiffe für die Kriegsmarine gebaut hatte, sollte nach dem Willen der Sowjetischen Militäradministration und des Deutschen Wirtschaftsrates eine Großwerft entstehen. Mit 18 Jahren war Günter Harder bereits Vorschlosser und trug damit Verantwortung für eine Reihe Kollegen, einige älter als er selbst. Volljährig war er da noch nicht. Das war man damals erst mit 21 Jahren.

Am 17. Mai 1950 beschloss die DDR-Volkskammer per Gesetz, das Volljährigkeitsalter auf 18 Jahre herabzusetzen. Fünf Tage später wurden alle Mädchen und Jungen, die zwischen dem 22. Mai 1929 und dem 22. Mai 1932 geboren waren, gemeinsam volljährig. Auch Günter Harder.

Günter Harder vor seinem Eintritt in die Seepolizei

Aber da hatte der „Erbauer der Volkswerft", als solcher galt der zupackende 19-Jährige, sich bereits entschlossen, der Werbung für die Seepolizei zu folgen und dort seinen Traum zu verwirklichen, Seeoffizier zu werden.

Als Günter den Osterurlaub, seinen ersten Urlaub von der Fahne zu Hause verbrachte, wollte er sich verloben. Seinem Ka-

meraden Willy Wagner hatte er kurz davor in Parow davon erzählt.[52] Sein Bruder Jürgen erinnert sich fast 70 Jahre später nicht
an solche Pläne. Auch kann er sich nicht daran erinnern, dass
die Freundin eine Rolle in der Familie gespielt habe oder er sie
einmal zu Hause gesehen hätte.

Günters Freundin hat es aber definitiv gegeben, wie ihrer
Aussage am 25. April 1951 während des Prozesses im Volkshaus
zu entnehmen ist. Sie war ja in der Stunde seines Todes in seiner
unmittelbaren Nähe, im gleichen Auto mit ihm.

„Am 23. Abend begab ich mich mit meinem Freund Günter Harder zum Bahnhof. Im Wartesaal haben wir ein Bier getrunken. 2 Tische von uns entfernt saßen die Angeklagten und
benahmen sich unanständig. Sie verließen aber die Gaststätte.
Ich ging mit meinem Freund auch heraus. In der Bahnhofshalle
sagt ein Bahnpolizist zu den dreien, sie möchten sich anständig
benehmen oder den Bahnhof verlassen. Der eine bat den Bahnpolizisten ein Stück mitzukommen. Zwei drehten sich öfter um
und sprachen frech mit dem Bahnpolizisten. Den Bahnpolizisten hörten wir um Hilfe rufen. Mein Freund und ein anderer
sind hinausgegangen. Der andere kam nachher zurück und
sagte, dass mein Freund angeschossen sei und nicht zurückkommen würde. Ich ging zum Bahnübergang. Ich sah Günter
liegen, durfte aber nicht an ihn heran. Ich sah, dass er fortgebracht wurde. Im Bahnwärterhaus habe ich dann gesehen, wie
er eingeschlafen ist.“[53]

Ihre Aussage „fortgebracht“ bezieht sich darauf, dass Günter Harder von Transportpolizisten vom Bahnübergang in das
nahe Bahnwärterhäuschen gebracht wurde, aus der Kälte der
Nacht in ein beheiztes Dienstgebäude der Deutschen Reichsbahn. Und mit „eingeschlafen“ dürfte gemeint sein, dass er
ohnmächtig wurde, sagte doch Franz Klotzin, der Fahrer der
Poliklinik und des herbeigerufenen Krankenwagens im Pro

zess aus, dass Günters Tod wohl vor der Tür des Krankenhauses eingetreten ein muss. Und Günters Freundin sei auf dem Transport dabei gewesen. „Ein junges Fräulein, das sich am nächsten Tag angeblich mit ihm verloben wollte, stieg mit ein."[54]

Der Prozess

Der Prozess gegen Horst Paschen, Kurt Kantak und Ernst Schmidt-Eggers fand vor der Großen Strafkammer des Landgerichts Schwerin, zuständig für Verhandlungen auf Grundlage des Befehls 201 der Sowjetischen Militäradministration Deutschland, vor erweiterter Öffentlichkeit am 25. April 1951 im Volkshaus Neubrandenburg statt. Das 1890 vor dem Stargarder Tor erbaute Haus hatte im Jahr 1900 der Wirt Max Reimann über-

Im Saal des Volkshauses, hinten im Bild, fand der Prozess gegen Horst Paschen, Kurt Kantak und Ernst Schmidt-Eggers statt. Es war nicht der einzige Schauprozess, für den das Haus herhalten musste. In der letzten Dezemberwoche 1959 brannte der Saal aus.

nommen und weiter ausgebaut. Das Konzerthaus Reimann hatte den Krieg ohne Schäden überstanden, die Familie wurde 1947 enteignet und aus dem Konzerthaus wurde das „Volkshaus", das Neubrandenburg den größten Saal mit gut 800 Sitzplätzen und zusätzlich einen Konzertgarten mit 2000 Plätzen bot.

Das war der rechte Platz für eine propagandistische Machtdemonstration.

„In Anbetracht der großen politischen Bedeutung dieses Prozesses für Mecklenburg sowohl wie für die Deutsche-Demokratische Republik wurden von Seiten des Leiters unserer Verwaltung, alle Voraussetzungen geschaffen, um einen reibungslosen Ablauf des Prozesses zu gewährleisten. Dieses fand seinen besonderen Ausdruck darin, in dem mit den zuständigen Stellen: Partei, Landespolizeibehörde, Generalstaatsanwaltschaft, Presse, Informationsbüro usw. alle nötigen Maßnahmen besprochen und die leitenden Funktionäre für die einzelnen Aufgabengebiete verantwortlich gemacht wurden.

Es waren zum Zwecke der Teilnahme an diesem großen Prozess aus allen Kreisen des Landes Mecklenburgs zahlreiche Betriebsdelegationen erschienen. Diese setzten sich in die Hauptsache zusammen aus Betriebsarbeitern der Werften, volkseigenen Betrieben, MAS-Stationen, Universitäten und Oberschulen sowie allen anderen Organisationen. Darüber hinaus waren alle Schichten der Bevölkerung der Stadt sowie des Kreises bei diesem Prozess vertreten. Durch Ablegung von Lautsprechern im Freien und in der Umgebung des Volkshauses Neubrandenburg sowie durch eine Lautsprecheranlage im Kinosaal, waren die Möglichkeiten geschaffen, daß weit über 7000 Personen den Verlauf des Prozesses verfolgen konnten. Im Saal selbst befanden sich ca. 2000 Personen.“[55]

Verantwortlich „für den ordnungsgemäßen Ablauf des Prozesses“[56] war der Leiter der Ermittlungsabteilung IX, Kommandeur Erwin Jung.

Die drei Angeklagten wurden am 24. April unter besonderen Sicherheitsmaßnahmen und in enger Zusammenarbeit mit der Landespolizeibehörde um 19 Uhr aus der U-Haft der Stasi-Landesverwaltung Schwerin nach Neubrandenburg überführt. „Dort wurden diese in unserer Haftanstalt untergebracht und unter besonderer Bewachung gestellt, da bei den beiden Haupttätern mit irgendwelchen Selbstmordabsichten gerechnet werden mußte."[57]

Nach dem Eintreffen des Gefangenentransportes gegen 22.30 Uhr erhielt Kommandeur Jung die Mitteilung, dass im Volkshaus Otto Grube, ein Staatsanwalt der Generalstaatsanwaltschaft Berlin erschienen war, der die Durchführung des Prozesses unter allen Umständen verhindern wollte. Den Auftrag dafür hatte er von Generalstaatsanwalt Dr. Ernst Melsheimer erhalten.

Die Gründe dafür erschließen sich nicht. Sie führten aber zu einem regen Telefonverkehr zwischen Neubrandenburg und dem Chef der Stasi-Landesverwaltung in Schwerin sowie zwischen deren Chef Otto Last und dem Ministerium in Berlin, das anwies, den Prozess wie geplant durchzuführen.

Als Otto Grube sich weiter sperrte, nahm man von der Stasi-Dienststelle Neubrandenburg telefonisch Kontakt mit der Generalstaatsanwaltschaft auf. Von dort erhielt Grube dann die Weisung, den Prozess stattfinden zu lassen und sofort nach Berlin zurückzukehren.

Pünktlich um 9 Uhr begann am 25. April der Prozess vor der Großen Strafkammer des Landgerichts Schwerin unter der Leitung von Landgerichtspräsident Emil Schmiege. Der 54-Jährige hatte 1946 am ersten Volksrichterlehrgang in Schwerin teilgenommen, war dann bis November Richter am Amtsgericht Demmin, bevor er ans Landgericht nach Schwerin wechselte und 1950 an den Waldheimer Prozessen teilnahm. Darin wurden 3442 von sowjetischen Behörden überstellte Personen, denen Kriegs- bzw. nationalsozialistische Verbrechen vorgeworfen worden waren, angeklagt. Dabei ergingen 33 Todesurteile. 146 Personen wurden zu lebenslänglichen Freiheitsstrafen verurteilt. Die Regel waren Haftstrafen zwischen vier und 25 Jahren. Grundlage der Anklagen war der Befehl 201 der SMAD.

Der Beisitzende Richter, Landrichter Theodor Fleischhauer, kam vom Landgericht Greifswald, wie auch die eingesetzten Schöffen Gustav Degner, Hans Stuchlich und Fritz Bäz. Gustav Degner war Reichsbahnamtmann, Hans Stuchlich Instrukteur und Fritz Bäz Augenkünstler[58]. Schmiege, Fleischhauer und Bäz waren auch an einem Schauprozess der Großen Strafkammer des Landgerichts Schwerin am 16. Oktober 1950 beteiligt, in dem sie elf Zeugen Jehovas[59] zu Freiheitsstrafen zwischen vier und 15 Jahren verurteilten. Darunter befand sich eine Frau aus Leopoldshagen, die bis 1945 bereits unter den Nationalsozialisten neun Jahre wegen ihres Glaubens im KZ gewesen war. Martha Knie, die sechs Jahre erhalten hatte, starb 1953 an den Folgen ihrer Haft in Bützow. Angeklagt waren die Zeugen Jehovas wegen Verstoßes gegen Artikel 6 der Verfassung der DDR[60] als Verbrecher gemäß Artikel II der Alliierten Kontrollratsdirektive 38.[61]

Die Anklage gegen Paschen, Kantak und Schmidt-Eggers vertrat für die Generalstaatsanwaltschaft des Landes Mecklenburg Oberstaatsanwalt Bostelmann. Er beschuldigte die drei, *„in Tateinheit durch mehrere Handlungen, die den Frieden des deutschen Volks gefährden,*

a) Boykott- und Kriegshetze betrieben,

b) tendenziöse Gerüchte verbreitet,

c) mittels eines hinterlistigen Überfalls und von mehreren gemeinschaftlich einen anderen körperlich misshandelt,

d) mit Gewalt gegen eine Person eine fremde bewegliche Sache einem anderen in der Absicht der rechtswidrigen Zueignung auf einem öffentlichen Weg weggenommen,

e) eine Waffe besessen,

f) als Mörder aus niedrigen Beweggründen, eine andere Straftat zu verdecken, einen Menschen getötet zu haben,
indem

a) die Angeklagten zu 1 und 2 (Paschen und Kantak) fortgesetzt einzeln handelnd zu Gunsten einer ausländischen imperialis-

tischen Macht Spionage und Zersetzung betrieben,

b) die Angeklagten zu 1 – 3 (Paschen, Kantak, Schmidt-Eggers) gemeinschaftlich handelnd, am 24.3.1951 in Neubrandenburg einen Terrorakt auf den Angehörigen der Volkspolizei Ulrich Harz verübten, in dessen Ablauf der Seepolizist Günter Harder erschossen wurde.

Verbrechen nach Artikel 6 der Verfassung vom 7.10.1949

Artikel III A III Kontrollratsdirektive 38

Kontrollratsbefehl Nr. 2

§§ 211, 223/223a, 249/250, 73, 43 StGB"[62]

Auf Bostelmanns Antrag wurde am 22. April 1951 das Hauptverfahren vor der Großen Strafkammer I des Landgerichts Schwerin eröffnet und festgelegt, dass die Hauptverhandlung in Neubrandenburg vor erweiterter Öffentlichkeit stattfindet.

Am gleichen Tag wurde allen drei Angeklagten der Schweriner Rechtsanwalt Dr. Ernst Otto Büsing[63] als Pflichtverteidiger beigeordnet. Ein Verteidiger für drei Angeklagte, dem drei Tage blieben, seine Mandanten kennenzulernen, ihre Version in allen Details zu hören und sich auf die Verhandlung vorzubereiten. Ganz abgesehen davon, dass ihm auch genaue Ortkenntnisse fehlten.

Am 25. April wurde der Fall aufgerufen und die Angeklagten vorgeführt. Die Verhandlung begann mit dem Aufruf der Zeugen:

1) VP-Wachtmeister Binias, Neubrandenburg

2) VP-Meister Max Krömer, Neubrandenburg

3) VP-Hauptwachtmeister Stolz, Neubrandenburg

4) VP-Angestellter Gerhard Kremer, Neubrandenburg

5) VP-Angestellter Ulrich Harz, Neubrandenburg

6) Fotograf Werner Ziemer, Neubrandenburg

7) Hausangestellte Elli Elsholz

8) Kellner Hans Ritschel, Neubrandenburg

9) Serviererin Elli Noack, Neubrandenburg

10) Arzt Dr. Franz Prokop, Neubrandenburg

11) Krankenschwester Annemarie Studier, Neubrandenburg.

Der Zeuge Franz Klotzin meldete sich nicht. Er kam jedoch später.

Als Sachverständiger erschien Dr. med. Schwechten, Schwerin.

Die Zeugen wurden vereidigt und wieder aus dem Verhandlungssaal geführt. Dann hatten die Angeklagten über ihre persönlichen Verhältnisse und ihr bisheriges Leben Auskunft zu geben, erst Horst Paschen, dann Kurt Kantak, zuletzt Ernst Schmidt-Eggers.

Anschließend wurde der Beschluss über die Eröffnung des Hauptverfahrens verlesen, und Paschen und Schmidt-Eggers aus dem Saal geführt, bevor die ausführliche Befragung Kantaks begann. Als zweiter wurde Schmidt-Eggers befragt. Um 12.15 Uhr wurde die Verhandlung unterbrochen. Nach der Mittagspause um 14 Uhr war Paschen an der Reihe.

Danach folgten die Aussagen der einzelnen Zeugen. Die letzte Zeugin war Günter Harders Freundin Elli Elsholz. Anschließend überreichte der Oberstaatsanwalt dem Gericht die Sterbeurkunde und den Totenschein als Gegenstände der Beweisaufnahme.

Dann folgte der Auftritt des Sachverständigen Dr. Schwechten. Der 63-jährige Psychiater mit mehr als 35-jähriger Berufserfahrung war seit Mai 1947 Direktor der Heil- und Pflegeanstalt Sachsenberg in Schwerin. Er stellte sein Gutachten über die drei Angeklagten vor und erklärte dann: „Entgegen der früheren Einlassungen der Angeklagten hat die heutige Hauptverhandlung ergeben, dass ein höheres Maß von Trunkenheit, wie es absichtlich vorgetäuscht wurde, nicht vorgelegen hat."

Damit nahm er dem Verteidiger auf jeden Fall ein mögliches Argument im Plädoyer für eine mildere Strafe.

Nachdem Dr. Schwechten sein Gutachten vorgetragen hatte, wurden alle Zeugen sowie der Sachverständige vereidigt. Dann wurde die Verhandlung um 17.30 Uhr ein zweites Mal unterbrochen. Nach einer Pause von 15 Minuten ging es weiter. Da keine neuen Beweisanträge gestellt wurden, erhielten die Vertreter der Generalstaatsanwaltschaft und der Verteidigung, Oberstaatsanwalt Bostelmann und Dr. Büsing, das Wort.

Bostelmann beantragte für Paschen lebenslänglich, für Kantak 15 Jahre und für Schmidt-Eggers 12 Jahre, ferner von der Anrechnung der Untersuchungshaft abzusehen und Sühnemaßnahmen aus der Kontrollratsinitiative 38 anzuwenden.

Solche Maßnahmen reichten von Wohnraum- und Aufenthaltsbeschränkungen, dem Verlust von Rentenansprüchen aus öffentlichen Mitteln, dem Verlust des aktiven und passiven Wahlrechts, Berufsverboten in bestimmten Bereichen bis hin zur Einziehung des Vermögens.

Verteidiger Dr. Büsing bat um eine mildere Beurteilung, besonders für Schmidt-Eggers.

Dann erhielten die Angeklagten Gelegenheit, noch einmal selbst etwas zu ihrer Verteidigung vorzubringen. Keiner der drei äußerte sich, daher zog sich das Gericht zur Beratung zurück. Die Urteilsverkündung wurde gegen 21.15 Uhr erwartet, nach einem mehr als zwölfstündigen Verhandlungsmarathon. Die Beratung dauerte länger als geplant. Stritt man sich vielleicht um das Strafmaß für Schmidt-Eggers?

Gegen 22 Uhr wurden die Urteile verkündet:

Horst Paschen – lebenslänglich

Kurt Kantak – 15 Jahre Zuchthaus

Ernst Schmidt-Eggers – acht Jahre Zuchthaus, unter Anrechnung der Untersuchungshaft.

Während Schmidt-Eggers nur allein wegen eines Verbrechens gemäß Paragraf 6 der Verfassung bestraft wurde, erfolgte die Verurteilung von Paschen und Kantak in Tateinheit mit Verbrechen gemäß der Kontrollratsdirektive 38, weshalb beide auch den Beschränkungen der Ziffern 3 bis 9 des Artikels IX unterlagen. Das waren die Sühnemaßnahmen. Für die beiden bedeutete das unter anderem, dass sie alle Rechtsansprüche auf eine aus öffentlichen Mitteln zahlbare Pension oder Zuwendung verloren, wie auch das aktive und passive Wahlrecht, das Recht, sich irgendwie politisch zu betätigen oder einer politischen Partei anzugehören.

Sie durften weder Mitglieder einer Gewerkschaft noch einer wirtschaftlichen oder beruflichen Vereinigung sein. Auf die Dauer von mindestens fünf Jahren nach ihrer Freilassung wurde ihnen untersagt:

a) In einem freien Beruf oder selbstständig in irgendeinem gewerblichen Betrieb tätig zu sein, sich an einem solchen zu beteiligen oder dessen Aufsicht oder Kontrolle auszuüben.

b) In nicht selbstständiger Stellung anders als in gewöhnlicher Arbeit beschäftigt zu sein.

c) Als Lehrer, Prediger, Redakteur, Schriftsteller oder Rundfunk-Kommentator tätig zu werden.

Sie unterlagen Wohnraum- und Aufenthaltsbeschränkungen und verloren mögliche Konzessionen und Vorrechte sowie das Recht, ein Kraftfahrzeug zu halten.

Alle drei Angeklagten hatten dazu die Kosten des Verfahrens zu tragen. Gegen 22.55 Uhr verzichteten sie, nachdem sie anhand von Merkblättern über ihre Rechte aufgeklärt worden waren, auf die Einlegung von Rechtsmitteln, „indem sie vor dem Mikrofon zum Ausdruck brachten, dass die verhängte Strafe mit Recht verdient hätten"[64]. Hinsichtlich Paschens und Kantaks verzichtete darauf auch Oberstaatsanwalt Bostelmann.

Nach dem Ende der Verhandlung wurden die drei Verurteilten unter besonderer Bewachung sofort in die Strafanstalt Dreibergen-Bützow gebracht.

Oberstaatsanwalt Bostelmann brachte der Prozess in Neubrandenburg einen Schritt auf der Karriereleiter ein, allerdings nicht nach oben. Ab 1952 war er beispielsweise kein Ankläger mehr in Schauprozessen gegen die von der SED-Klassenjustiz verfolgten Zeugen Jehovas.[65]

Kommandeur Erwin Jung zur Rolle des Anklagevertreters im Neubrandenburger Prozess: *„Vom Anklagevertreter Oberstaatsanwalt Bostelmann wurde wohl ein umfangreiches Plädoyer gehalten, welches aber in Anbetracht des vorliegenden klaren Tatbestandes* in Bezug auf die Spionagetätigkeit der 2 Angeklagten Paschen und Kantak sowie Überfall und Mord der drei Beschuldigten, nicht genügend politisch untermauert wurde, so dass man zu der Annahme kommen musste, dass von Seiten des Oberstaatsanwalts diese Bedeutung dieses großen Prozesses vollkommen verkannt wurde.

Dieses wurde ebenfalls vom Vertreter der Generalstaatsanwaltschaft der DDR, Frau Dr. Heinze[66], zum Ausdruck gebracht, so dass ernsthaft in Erwägung gezogen werden muss, ob in Zukunft Oberstaatsanwalt Bostelmann überhaupt noch als Anklagevertreter bei unseren Prozessen amtieren kann.

Auch Frau Dr. Heinze wird diesbezüglich bei der Generalstaatsanwaltschaft der DDR dementsprechend Bericht erstatten.

Besonders zu bemerken ist noch, dass von Seiten des Gerichts sowohl wie von Frau Dr. Heinze hervorgehoben wurde, dass die Untersuchungsbehörde eine gründliche und korrekte Untersuchung geführt habe. Dies ergab sich aus den Ausführungen der Angeklagten vor dem Gericht, in dem sie die ihnen zur Last gelegten Punkte in jedem Fall bestätigten und nicht versuchten, irgendwie etwas abzuschwächen."[67]

Interessant ist auch eine Randbemerkung von Kommandeur Jung in seinem Bericht über den Prozess: „Eine besondere Situation bei dem Gericht wurde dadurch hervorgerufen, dass bis 16 Uhr noch keine Entscheidung über das zu verhängende Urteil von Berlin ergangen war."[68]

Rechtsanwalt und Notar Otto Büsing, der Verteidiger der drei Neubrandenburger Angeklagten, hatte in der Schweriner Arsenalstraße 18 seine Kanzlei.

Das Medienecho

Erst sechs Tage nach dem tödlichen Schuss auf Günter Harder wurde die Öffentlichkeit über den Fall informiert. Das „Neue Deutschland", Zentralorgan der Sozialistischen Einheitspartei Deutschlands, brachte am 30. März eine einspaltige ADN-Meldung von 14 Druckzeilen: Anlass war Günter Harders Beerdigung.[69] Als Täter wurde eine zwischenzeitlich festgenommene dreiköpfige Bande angegeben, deren Rädelsführer kriminell vorbestraft und erst vor Kurzem im Auftrag des Kaiserschen Sabotage-Ministeriums[70] aus dem Westen in die DDR gekommen sei.

Am gleichen Tag brachte die „Landeszeitung", Organ der Landesleitung der SED Mecklenburgs, auf Seite 1 den folgenden Bericht:

VOLKSPOLIZIST HINTERRÜCKS ERMORDET

Vorsätzlicher Überfall einer amerikanisch inspirierten Bande
Schwerin (AFI[71]). *In Ausübung seines Dienstes musste am späten Abend des Ostersonnabends ein Angehöriger der Volkspolizei auf dem Bahnhof Neubrandenburg gegen drei jugendliche Banditen einschreiten, die im Wartesaal randalierten und das Publikum anrempelten. Aus dem Saal verwiesen, überfiel die Bande auf der dunklen Straße hinterrücks den Polizisten, schlug ihn nach heftiger Abwehr nieder, entriss ihm die Schusswaffe und ergriff die Flucht.*

Auf die Hilferufe des Überfallenen erschienen mehrere Angehörige der Volkspolizei, die sofort die Verfolgung der Bande aufnahmen. Aus der geraubten Pistole und einer weiteren Schusswaffe, die sie bereits in ihrem Besitz hatten, eröffneten die Verfolgten das Feuer auf die Volkspolizei und ermordeten dabei den seinen Kameraden zu Hilfe geeilten Angehörigen der Seepolizei, Günter Harder. Die Täter wurden festgenommen. Der Rädelsführer der Bande ist kriminell vorbestraft und erst kürzlich illegal aus dem Westen zur

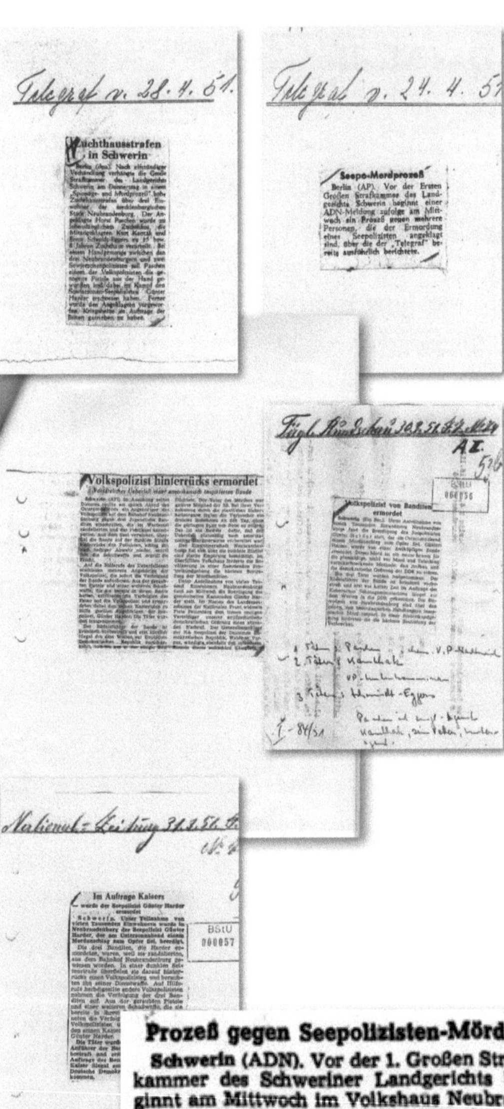

Hohe Zuchthausstrafen für M...

Neubrandenburg (ADN). G... des Volkspolizisten Günther H... Große Strafkammer des Land... nach zweitägiger Verhandlung ... strafen. Der Hauptangeklagt... erhielt lebenslänglich Zuchthau... Kantak zu 15 Jahren und Erns... zu acht Jahren Zuchthaus v... Neben der Mordtat wies das ... urteilten Spionagetätigkeit für ... Nachrichtendienst und unerlaub... nach.

Prozeß gegen Seepolizisten-Mörder

Schwerin (ADN). Vor der 1. Großen Strafkammer des Schweriner Landgerichts beginnt am Mittwoch im Volkshaus Neubrandenburg der Prozeß gegen die Mörder des Seepolizisten Günther Harder. Im Auftrage westlicher Sabotagezentren hatten die Angeklagten am späten Abend des Ostersonnabends in Neubrandenburg einen Angehörigen der Volkspolizei überfallen, ihm seine Schußwaffe entrissen und den zu Hilfe eilenden Seepolizisten Günther Harder ermordet.

Landes...
ORGAN DER SOZIALISTISCHEN EINHEIT...
Nr. 74 - 6. Jahrg. - Druckort Stralsund — Pre...

Unser F...

Ministerpräsident Höcker: Vo...

Schwerin (Eig. Ber.) In seiner gestrigen ... nahm der Landtag Stellung zum Volkswirtschaftsplan ... und zur Vorbereitung der III. Weltfestspiele der ... und Studenten für den Frieden.

Ministerpräsident Höcker gab in einem einst... Bericht eine Uebersicht über die großen Aufgaben, ...

In der Debatte über den Volkswirtschaftsplan verkündeten die Redner aller Parteien und Organisationen ihre Bereitschaft zur tatkräftigen Mitarbeit bei der Erfüllung dieses großen Planes der friedlichen Arbeit, der, wie Ministerpräsident Höcker sagte, „den ...

Volkspolizist hinterrück[s ...]

Vorsätzlicher Ueberfall einer amerikanisch...

Schwerin (AFI) In Ausübung seines Dienstes mußte am späten Abend des Ostersonnabends ein Angehöriger der Volkspolizei auf dem Bahnhof Neubrandenburg gegen drei jugendliche Banditen einschreiten, die im Wartesaal randalierten und das Publikum anrempelten. Aus dem Saal verwiesen, überfiel die Bande auf der dunklen Straße hinterrücks den Polizisten, schlug ihn nach heftiger Abwehr nieder, entriß ihm die Schußwaffe und ergriff die Flucht.

Auf die Hilferufe des Ueberfallenen erschienen mehrere Angehörige der Volkspolizei, die sofort die Verfolgung der Bande aufnahmen. Aus der geraubten Pistole und einer weiteren Schußwaffe, die sie bereits in ihrem Besitz hatten, eröffneten die Verfolgten das Feuer auf die Volkspolizei und ermordeten dabei den seinen Kameraden zu Hilfe geeilten Angehörigen der Seepolizei, Günter Harder. Die Täter wurden festgenommen.

Der Rädelsführer der Bande ist kriminell vorbestraft und erst kürzlich illegal aus dem Westen zur Deutschen Demokratischen Republik zurückgekehrt, von wo aus er vor einiger Zeit ...

Die Mörder waren englische Agenten

Bluttat von Neubrandenburg wird gesühnt – In den Westzonen angeworben

Neubrandenburg (OL-Mg.). Gestern verhandelte die Große Strafkammer des Landgerichts Schwerin unter dem Vorsitz von Landgerichtspräsidenten Schmiege gegen die Angeklagten Horst Paschen, Kurt Kaniak und Ernst Schmidt-Eggers, die in der Nacht zum 24. März den Seepolizisten Günter Harder ermordet haben.

Der Verhandlung im Neubrandenburger Volkshaus wohnten, außer vielen Einwohnern Neubrandenburgs und der umliegenden Orte, Delegationen von Maschinen-Ausleihstationen und volkseigenen Gütern, der Werften und weiteren Betrieben unseres Landes bei. Die Beweisaufnahme ergab schon bei der Vernehmung des ersten Angeklagten Kurt Kaniak, daß der Ueberfall auf den Volkspolizisten einer faschistischen Einstellung der Täter entsprang, die mit dem englischen Spionagedienst in Verbindung standen und von ihm Aufträge erhielten.

Der jetzt 21 Jahre alte Kurt Kaniak war bis zum Dezember 1948, als er sich zum Erzbergbau Aue meldete, auf mehreren Arbeitsstellen jeweils nur kurze Zeit tätig gewesen. Auch in Aue blieb er nur einige Wochen. Er kehrte von einem Weihnachtsurlaub nicht an die Arbeitsstelle zurück, sondern ging illegal über die Zonengrenze und meldete sich im Lager Sandbostel als „Flüchtling". Ein gebrochen deutsch sprechender Beauftragter des englischen Spionagedienstes fragte ihn nach den Verhältnissen in den Industriebetrieben, der Landwirtschaft und dem Bergbau in unserer Republik aus, und stellte ihn vor die Entscheidung entweder in die Fremdenlegion einzutreten oder in unsere Republik zurückzukehren, um Spionage zu treiben. Kaniak erklärte sich nach einigem Zögern mit dem zweiten Vorschlag einverstanden. Er bekam für seine Agententätigkeit Zigaretten und Essen und zweimal 10 Westmark. Es wurden ihm bestimmte Aufträge erteilt, über deren Erledigung er an eine Spionagestelle in Berlin-Charlottenburg (britischer Sektor) berichten sollte. Ihm wurde ein Verpflichtungsschein vorgelegt, in dem ihm aufgegeben wurde, im Falle einer Entdeckung seiner Spionagetätigkeit zuerst das Material in Sicherheit zu bringen und im Falle einer Verhaftung sich mit Gewalt freizumachen. Diesen Verpflichtungsschein unterschrieb er. Dann mußte er mit elf weiteren Agenten an einem Zwei-Tage-Kursus über Spionagearbeit im Lager teilnehmen.

Auch der 21jährige Horst Paschen, der ebenfalls wie Kaniak seine Arbeitsstelle häufig wechselte und wegen Diebstahls vorbestraft ist, ging nach Westdeutschland, weil er auf der Negativ-Werft einen Diebstahl begangen hatte. Auch er verpflichtete sich in der gleichen Weise dem englischen Spionagedienst.

Nach dem Ergebnis der bisherigen Beweisaufnahme stiftete Kaniak, der verstanden hatte, sich, in der Nacht zum 24. März seine beiden Komplicen an, den Oberwachtmeister, der die Randalierenden zur Ruhe verwies, die Pistole zu entreißen. Kaniak überfiel den Volkspolizisten hinterrücks. Während die beiden anderen auf das Dach wachtmeister einschlugen, raubte er die Pistole. Als er gestellt werden sollte, gab er zwei Schüsse ab. Paschen versuchte sich ebenfalls in den Besitz der Waffe zu setzen und schmiß den Kaniak die Waffe. Er wurde von Volkspolizisten und Zivilisten verfolgt und festgehalten. Um sich wieder frei zu machen, schoß er den 19jährigen Seepolizisten Günter Harder nieder. „Weil ich ein Feind der Republik war, habe ich Spionage getrieben", erklärte er in der Gerichtsverhandlung. „Ich halte mir eingebildet, man könnte drüben besser leben."

Paschen hatte ebenfalls Aufträge vom englischen Spionagedienst erhalten, er sollte vor allem Skizzen und Angaben über Verkehrsanlagen liefern. Die Material beschaffte er und versteckte es in einer Kapelle in einer Kirche. Da Paschen fürchtete, seine Spionagetätigkeit sei entdeckt worden, und er würde verhaftet, entriß er, um eine Verhaftung zu verhindern, Kaniak die Waffe. Er wurde von Volkspolizisten und Zivilisten verfolgt und festgehalten.

Zuchthaus beantragt

In seinem Plädoyer zeigte Oberstaatsanwalt Borelmann den engen Zusammenhang der Spionagetätigkeit Kaniaks und Paschens mit den vom Bonner Minister Kaiser ausgehenden Sabotageaktionen auf. In diesem Fall fanden die englischen Spionagedienste willfährige Werkzeuge, die in ihrer schmutzigen Tätigkeit auch nicht vor hinterhältigem gemeinen Ueberfall und einem Mord zurückschreckten. Das Verhalten der Agenten Kaniak und Paschens diene den Kriegsvorbereitungen der imperialistischen Mächte. Schmidt-Eggers hat seinen verbrecherischen Willen bewiesen, er hat das mörderische Volkspolizisten angegriffen und ist am Waffenraub beteiligt gewesen. Er ist deshalb Mitäter an diesem Verbrechen. Gegen Paschen beantragte der Oberstaatsanwalt die Verhängung einer lebenslangen Zuchthausstrafe, gegen Kaniak 15 Jahre Zuchthaus und gegen Schmidt-Eggers 10 Jahre Zuchthaus.

Da bei Redaktionsschluß die Verhandlung noch andauerte, bringen wir das Urteil in unserer morgigen Ausgabe.

Zeitung

...SCHLANDS FÜR MECKLENBURG

... 1951 — Einzelpreis 15 Pfennig

...ensplan

...schaftsplan stellt große Aufgaben

Mecklenburg im Volkswirtschaftsplan 1951 gestellt. Der Plan sieht eine wesentliche Steigerung der landwirtschaftlichen und industriellen Produktion, die Errichtung neuer MAS, viele Neu- und Erweiterungsbauten in der Industrie, für das Schulwesen, das Gesundheits- und die Jugendpflege vor.

...chen Volkes ...rung West-...Kriegsvorbe-...unischen Im-...schluß eines ...schlich 1951, für ...zeitlichen, de-

...mokratischen und friedliebenden Deutschland zu unterstützen hat. Der Volkswirtschaftsplan für das Jahr 1951 bildet die Grundlage für die erfolgreiche Durchführung des Fünfjahrplans, er dient der weiteren Verbesserung der Lebenshaltung unserer Bevölkerung, der Hebung des Wohlstandes des Volkes, der weiteren demokratischen Entwicklung und damit der Festigung des Bündnisses der Arbeiter mit den werktätigen Bauern und der Intelligenz."

Nach dem Referat über die Vorbereitung der III. Weltfestspiele stimmte der Landtag einmütig der Entschließung zu, worin die gesamte Bevölkerung des Landes Mecklenburg aufgerufen wird, in allen Dörfern, Städten, Betrieben, MAS und Schulen Komitees zur Vorbereitung der III. Weltfestspiele zu bilden. Die Abgeordneten des Landtages verpflichteten sich, an ihren Wohnorten in diesen Komitees aktiv mitzuarbeiten und in Versammlungen und Kundgebungen die große Bedeutung der III. Weltfestspiele der Jugend und Studenten für den Kampf um die Erhaltung des Friedens zu popularisieren.

Ministerpräsident Höcker begann einleitend mit der Feststellung, daß die Voraussetzungen für den Volkswirtschaftsplan 1951 durch die für jeden sichtbaren Erfolge des Zweijahrplans geschaffen wurden. Der Volkswirtschaftsplan 1951 werde diese Erfolge erweitern und zu einer noch stärkeren Hebung unserer Volkswirtschaft führen. Seine Erfüllung sei die Aufgabe aller schaffenden Menschen, der Arbeiter, Bauern, Techniker, Wissenschaftler

---

...genten und Mordbanditen vor Gericht

Bluttat von Neubrandenburg findet seine Söhne

Schwerin (ADN). Das Amt für Information in Mecklenburg teilt mit: Am Mittwoch, dem 25. April, wird die Große Strafkammer des Landgerichts Schwerin für den Befehl 201 den Prozeß gegen die feindlichen Agenten und Mordbanditen durchführen, die am späten Abend des Ostersonnabends in Neubrandenburg vorsätzlich einen Angehörigen der Volkspolizei überfielen, ihm seine Schußwaffe entrissen und den zur Hilfe eilenden Angehörigen der Seepolizei Günter Harder ermordeten.

Der Prozeß wird im Volkshaus Neubrandenburg stattfinden und beginnt um 9 Uhr. Starke Delegationen von Arbeitern, Bauern und der Intelligenz aus dem ganzen Lande werden daran teilnehmen.

Volkspolizist von Banditen ermordet

Schwerin (ADN). Unter Anteilnahme von vielen tausenden Einwohnern Neubrandenburgs fand am Mittwoch die Beerdigung des Seepolizisten Günter Harder statt, der am Sonnabend von einer dreiköpfigen Bande ermordet wurde. Die Täter konnten inzwischen festgenommen werden. Der Rädelsführer ist kriminell vorbestraft und erst vor kurzer Zeit im Auftrage des Kaiserschen Sabotage-Ministeriums illegal aus dem Westen in die DDR gekommen.

Deutschen Demokratischen Republik zurückgekehrt, von wo aus er vor einiger Zeit flüchtete. Der Vater des Mörders war aktives Mitglied der SS. Bei ihrer Vernehmung durch die staatlichen Sicherheitsorgane legten die Verbrecher ein dreistes Benehmen an den Tag, ohne die geringste Spur von Reue zu zeigen: Das ist ein Beweis dafür, dass der Überfall planmäßig nach amerikanischer Gangsterweise vorbereitet war. Der Einwohnerschaft Neubrandenburgs hat sich über die ruchlose Bluttat eine starke Empörung bemächtigt. Im überfüllten Volkshaus forderte die Bevölkerung in einer flammenden Protestkundgebung die härteste Bestrafung der Mordbanditen. Unter Anteilnahme von vielen Tausend Einwohnern Neubrandenburgs fand am Mittwoch die Beerdigung des gemeuchelten Kameraden Günter Harder statt. Im Namen des Landesausschusses der Nationalen Front widmete Fiete Fellenberg[72] dem treuen mutigen Verteidiger unserer antifaschistisch-demokratischen Ordnung einen ehrenden Nachruf. Der Generalinspekteur der HA[73] Seepolizei der Deutschen Demokratischen Republik, Waldemar Verner[74], würdigte ebenfalls den selbstlosen Einsatz dieses aufrechten Kämpfers.[75]

Ihren Ausgangspunkt nahm die Beerdigung im Haus der Freundschaft am Schützenwall. Im Saal der ehemaligen Freimaurerloge war der Sarg Günter Harders aufgebahrt. Laut Stasiangaben nahmen 1951 rund 4000 Menschen an der Beerdigung teil.

Auch die von der Roten Armee seit dem 15. Mai 1945 herausgegebene „Tägliche Rundschau"[76] brachte am 30. März eine als Eigenbericht gekennzeichnete Nachricht:

VOLKSPOLIZIST VON BANDITEN ERMORDET

Schwerin *(Eig. Ber.). Unter Anteilnahme von vielen Tausenden Einwohnern Neubrandenburgs fand die Beerdigung des Seepolizisten Günter Harder statt, der am Ostersonnabend einem Mordanschlag zum Opfer fiel. Günter Harder wurde von einer dreiköpfigen Bande ermordet. Dieser Mord ist ein neuer Beweis für die planmäßige, nicht vor Mord und Totschlag zurückschreckende Methode, den Aufbau der demokratischen Ordnung der DDR zu stören.*

Die drei Täter wurden festgenommen. Der Rädelsführer der Bande ist kriminell vorbestraft und erst vor kurzer Zeit im Auftrage des Kaiserschen Sabotageministeriums illegal aus dem Westen in die DDR gekommen. Die Einwohner von Neubrandenburg sind über den neuen, von amerikanischen Handlangern inszenierten Mord empört. In einer Protestkundgebung forderten sie die härteste Bestrafung der Verbrecher.[77]

Einen Tag später hatte die „Nationalzeitung", Zentralorgan der 1948 gegründeten National Demokratischen Partei Deutschlands, die Nachricht im Blatt. Die NDPD, deren Gründung von der SED initiiert worden war, um die CDU und die Liberaldemokratische Partei zu schwächen, verstand sich als Auffangbecken demokratisch und national gesinnter Bürger, besonders der ehemaligen Wehrmachtsoffiziere, Mitläufer der NSDAP und des Nationalsozialismus sowie Vertreter des Mittelstandes (Handwerker, Gewerbetreibende, Angestellte). Obwohl sich die Nationalzeitung als „Sprachrohr Abermillionen deutscher Volksgenossen" sah, war sie doch der staatlichen Zensur unterworfen, was die verspätete Veröffentlichung erklärt.

IM AUFTRAGE KAISERS WURDE DER SEEPOLIZIST GÜNTER HARDER ERMORDET

Schwerin. *Unter Teilnahme von vielen Tausenden Einwohnern wurde in Neubrandenburg der Seepolizist Günter Harder, der am Ostersonnabend einem Mordanschlag zum Opfer fiel, beerdigt.*

Die drei Banditen, die Harder ermordeten, waren, weil sie randalierten, aus dem Bahnhof Neubrandenburg gewiesen worden. In einer dunklen Seitenstraße überfielen sie darauf hinterrücks einen Volkspolizisten und beraubten ihn seiner Dienstwaffe. Auf Hilferufe herbeigeeilte andere Volkspolizisten nahmen die Verfolgung der drei Banditen auf. Aus der geraubten Pistole und einer weiteren Schusswaffe[78], die sie bereits in ihrem Besitz hatten, eröffneten die Verfolgten das Feuer auf die Volkspolizisten und ermordeten dabei den seinen Kameraden zu Hilfe geeilten Günter Harder.

Die Täter wurden festgenommen. Der Anführer der Bande ist kriminell vorbestraft und erst vor kurzer Zeit im Auftrage des Bonner Sabotageministers Kaiser illegal aus dem Westen in die Deutsche Demokratische Republik gekommen.[79]

Einen Tag nachdem die Generalstaatsanwaltschaft des Landes Mecklenburg das Hauptverfahren gegen die „Banditen" eröffnet hatte, drei Tage vor ihrem Prozess, kamen die nächsten Pressemeldungen. Die „Landeszeitung" titelte am 23. April:

AGENTEN UND MORDBANDITEN VOR GERICHT

Bluttat von Neubrandenburg findet seine Sühne

Schwerin *(AfI). Das Amt für Information in Mecklenburg teilt mit: Am Mittwoch, dem 25. April, wird die Erste Große Strafkammer des Landgerichtes Schwerin für den Befehl 201 den Prozeß gegen die feindlichen Agenten und Mordbanditen durchführen, die am späten Abend des Ostersonnabends in Neubrandenburg vorsätzlich einen Angehörigen der Volkspolizei überfielen, ihm seine*

Schußwaffe entrissen und den zur Hilfe eilenden Angehörigen der Seepolizei Günter Harder ermordeten. Der Prozeß wird im Volkshaus Neubrandenburg stattfinden und beginnt um 9 Uhr. Starke Delegationen von Arbeitern, Bauern und der Intelligenz aus dem ganzen Lande werden daran teilnehmen.[80]

Am Tag darauf brachte die seit 1946 in Berlin erscheinende SPD-nahe Tageszeitung „Telegraf" eine neun Druckzeilen lange Meldung zum Prozessbeginn.

SEEPO-MORDSPROZESS

Berlin *(AP). Vor der Ersten Großen Strafkammer des Landgerichts Schwerin beginnt einer ADN-Meldung*[81] *zufolge am Mittwoch ein Prozess gegen mehrere Personen, die der Ermordung eines Seepolizisten angeklagt sind, über die der „Telegraf" bereits ausführlich berichtete.*[82]

Nur drei Zeilen länger war die Meldung, die die vor allem im Ostteil Berlins verkaufte „Berliner Zeitung" brachte, deren Quelle ebenfalls die Nachrichtenagentur ADN war:

PROZESS GEGEN SEEPOLIZISTEN-MÖRDER

Berlin *(ADN). Vor der 1. Großen Strafkammer des Schweriner Landgerichts beginnt am Mittwoch im Volkshaus Neubrandenburg der Prozess gegen die Mörder des Seepolizisten Günther*[83] *Harder. Im Auftrag westdeutscher Spionagezentren hatten die Angeklagten am späten Abend des Ostersonnabends in Neubrandenburg einen Angehörigen der Volkspolizei überfallen, ihm seine Schusswaffe entrissen und den zu Hilfe eilenden Seepolizisten Günther Harder ermordet.*

Einen ausführlichen Bericht über den Prozess lieferte einen Tag nach seinem Stattfinden die „Landes-Zeitung":

DIE MÖRDER WAREN ENGLISCHE AGENTEN

Bluttat von Neubrandenburg wird gesühnt – in den Westzonen angeworben

Neubrandenburg *(GI-Eig. Ber.) Gestern verhandelte die Große Strafkammer des Landgerichts Schwerin unter dem Vorsitz von
Landgerichtspräsidenten Schmiege gegen die Angeklagten Horst
Paschen, Kurt Kantak und Ernst Schmidt-Eggers, die in der Nacht
zum 24. März den Seepolizisten Günter Harder ermordet haben.*

*Der Verhandlung im Neubrandenburger Volkshaus wohnten,
außer vielen Einwohnern Neubrandenburgs und der umliegenden
Orte, Delegationen von Maschinen-Ausleihstationen und volkseigenen Gütern, der Werften und weiteren Betrieben unseres Landes
bei. Die Beweisaufnahme ergab schon bei der Vernehmung des ersten Angeklagten Kurt Kantak, dass der Überfall auf den Volkspolizisten einer faschistischen Einstellung der Täter entsprang, die mit
dem englischen Spionagedienst in Verbindung standen und von
ihm Aufträge erhielten.*

*Der jetzt 21 Jahre alte Kurt Kantak war bis zum Dezember
1948, als er sich zum Erzbergbau Aue meldete, auf mehreren Arbeitsstellen jeweils nur kurze Zeit tätig gewesen. Auch in Aue blieb
er nur einige Wochen. Er kehrte von einem Weihnachtsurlaub nicht
an die Arbeitsstelle zurück, sondern ging illegal über die Zonengrenze und meldete sich im Lager Schöningen als „Flüchtling“. Ein
gebrochen Deutsch sprechender Beauftragter des englischen Spionagedienstes fragte ihn nach den Verhältnissen in den Industriebetrieben, der Landwirtschaft und dem Bergbau in unserer Republik
aus und stellte ihn vor die Entscheidung, entweder in die Fremdenlegion einzutreten[84] oder in unsere Republik zurückzukehren, um
Spionage zu treiben. Kantak erklärte sich nach einigem Zögern mit
dem zweiten Vorschlag einverstanden. Er bekam für seine Agententätigkeit Zigaretten und Essen und zweimal 10 Westmark. Es
wurden ihm bestimmte Aufträge erteilt, über deren Erledigung er
an eine Spionagestelle in Berlin-Charlottenburg (britischer Sektor)
berichten sollte. Ihm wurde ein Verpflichtungsschein vorgelegt, in
dem ihm aufgegeben wurde, im Falle einer Entdeckung seiner Spionagetätigkeit zuerst das Material in Sicherheit zu bringen und*

im Falle einer Verhaftung sich mit Gewalt freizumachen. Diesen Verpflichtungsschein unterschrieb er. Dann mußte er mit elf weiteren Agenten an einem Zwei-Tage-Kursus über Spionagearbeit im Lager teilnehmen.

Auch der 21-jährige Horst Paschen, der ebenfalls wie Kantak seine Arbeitsstelle häufig wechselte und wegen Diebstahls vorbestraft ist, ging nach Westdeutschland, weil er auf der Neptun-Werft einen Diebstahl begangen hatte. Auch er verpflichtete sich in der gleichen Weise dem englischen Spionagedienst.

Nach dem Ergebnis der bisherigen Beweisaufnahme stiftete Kantak, der es verstanden hatte, sich in die Volkspolizei einzuschleichen, in der Nacht zum 24. März seine beiden Komplizen an, einem Oberwachtmeister, der die Randalierenden zur Ruhe verwies, die Pistole zu entreißen. Kantak überfiel den Volkspolizisten hinterrücks. Während die beiden anderen auf den Oberwachtmeister einschlugen, raubte er die Pistole. Als er gestellt werden sollte, gab er zwei Schüsse ab. Paschen versuchte, sich ebenfalls in den Besitz der Waffe zu setzen, und entwand sie Kantak, wobei er ihn in die Hand schoss. Als dieser mit der verletzten Hand ins Krankenhaus eingeliefert wurde, erklärt er, ein sowjetischer Soldat habe ihn angeschossen.

Paschen hatte ebenfalls Aufträge vom englischen Spionagedienst erhalten, er sollte vor allem Skizzen und Angaben über Verkehrsanlagen liefern. Dies Material beschaffte er und versteckte es in einer Papprolle in einer Kiesgrube. Da Paschen fürchtete, seine Spionagetätigkeit sei entdeckt worden und er würde verhaftet, entriss er, um seine Verhaftung evtl. zu verhindern, Kantak die Waffe. Er wurde von Volkspolizisten und Zivilisten verfolgt. Um sich wieder frei zu machen, schoss er den 20-jährigen Günter Harder nieder. „Weil ich ein Feind der Republik war, habe ich Spionage getrieben", erklärte er in der Gerichtsverhandlung. „Ich hatte mir eingebildet, man könnte drüben besser leben."

Zuchthaus beantragt

In seinem Plädoyer zeigte Oberstaatsanwalt Bostelmann den engen Zusammenhang der Spionagetätigkeit Kantaks und Paschens mit den vom Bonner Minister Kaiser ausgehenden Sabotageaktionen auf. In diesem Fall fanden die englischen Spionagebüros willfährige Werkzeuge, die in ihrer schmutzigen Tätigkeit auch nicht vor einem hinterhältigen gemeinen Überfall und einem Mord zurückschreckten. Das Verhalten der Agenten Kantak und Paschen diente den Kriegsvorbereitungen der imperialistischen Mächte.

Schmidt-Eggers hat seinen verbrecherischen Willen bewiesen, er hat einen hilfsbereiten Volkspolizisten angegriffen und ist am Waffenraub beteiligt gewesen. Er ist deshalb Mittäter an diesem Verbrechen. Gegen Paschen beantragte der Oberstaatsanwalt die Verhängung einer lebenslangen Zuchthausstrafe, gegen Kantak 15 Jahre Zuchthaus und gegen Schmidt-Eggers 12 Jahre Zuchthaus.

Da bei Redaktionsschluss die Verhandlung noch andauerte, bringen wir das Urteil in unserer morgigen Ausgabe.[85]

Geplant hatten die Genossen von der Staatssicherheit in Schwerin, den Prozess zeitlich so zu beenden, dass der Redakteur der „Landeszeitung" seinen Prozessbericht mit dem Urteil hätte abschließen sollen. Man hätte am kommenden Tag nicht noch einmal auf das Thema zurückkommen müssen. Doch wie Kommandeur Jung ja anmerkte, war bis 16 Uhr noch keine Entscheidung über das zu verhängende Urteil von Berlin ergangen.

LEBENSLÄNGLICH FÜR PASCHEN

Das Urteil im Neubrandenburger Spionage- und Mordprozess
Neubrandenburg *(Eig. Ber.). Nach elfstündiger Verhandlung verkündete der Vorsitzende der Großen Strafkammer, Landgerichtspräsident Schmiege, das Urteil gegen die englischen Agenten, die den Seepolizisten Günter Harder ermordeten. Es lautete: Horst*

Paschen wird zu lebenslanger Zuchthausstrafe, Kurt Kantak zu 15 Jahre Zuchthaus und Ernst Schmidt-Eggers zu acht Jahren Zuchthaus verurteilt.

In der Begründung führte der Vorsitzende aus, dass sich sämtliche Angeklagten der Boykott- und Kriegshetze schuldig gemacht haben und Paschen einen Mord begangen hat. Sie haben Verbrechen verübt, die nach den Gesetzen unserer Republik mit höchsten Strafen belegt werden.[86]

In ihrer Samstagsausgabe vom 28. April hatte auch der Berliner „Telegaf" eine Meldung der 1949 in Goslar als Genossenschaft gegründeten und 1951 in eine GmbH umgewandelten Deutschen Presse-Agentur (dpa) im Blatt.

ZUCHTHAUSSTRAFEN IN SCHWERIN

Berlin *(dpa). Nach elfstündiger Verhandlung verhängte die Große Strafkammer des Landgerichts Schwerin am Donnerstag in einem „Spionage- und Mordprozess" hohe Zuchthausstrafen über drei Einwohner der mecklenburgischen Stadt Neubrandenburg. Der Angeklagte Horst Paschen wurde zu lebenslänglichem Zuchthaus, die Mitangeklagten Kurt Kantak und Ernst Schmidt-Eggers zu 15 bzw. 8 Jahren Zuchthaus verurteilt. Bei einem Handgemenge zwischen den drei Neubrandenburgern und zwei Sowjetzonenpolizisten soll Paschen einem der Volkspolizisten die gezogene Pistole aus der Hand gewunden und dabei im Kampf den Sowjetzonen-Seepolizisten Günter Harder erschossen haben. Ferner wurde den Angeklagten vorgeworfen, Kriegs- und Boykotthetze im Auftrag der Briten getrieben zu haben.*[87]

Ihren Abschluss fand die mediale Beachtung des Falles Günter Harder und des Prozesses gegen die im Zusammenhang mit seinem Tod angeklagten drei Neubrandenburger am 1. Mai. Die CDU-Zeitung „Neue Zeit" brachte eine kleine Nachricht. Sicher werden auch andere Blätter in der Republik in ähnlicher Weise kurz berichtet haben. Zeitungen erschienen damals in der DDR auch am Tag der Arbeit, einem Feiertag, dem Internationalen Kampftag der Arbeiterklasse.

HOHE ZUCHTHAUSSTRAFEN FÜR MÖRDER

Neubrandenburg *(ADN). Gegen die Mörder des Volkspolizisten Günther Harder fällte die große Strafkammer des Landgerichts Schwerin nach zweitägiger Verhandlung hohe Zuchthausstrafen. Der Hauptangeklagte Horst Paschen erhielt lebenslänglich Zuchthaus, während Kurt Kantak zu 15 Jahren und Ernst Schmidt-Eggers zu acht Jahren Zuchthaus verurteilt wurden. Neben der Mordtat wies das Gericht den Verurteilten Spionagetätigkeit für den englischen Nachrichtendienst und unerlaubten Waffenbesitz nach.*[88]

Der Strafvollzug

Unmittelbar nach der Verhandlung ging es für alle drei Verurteilten mit gesonderter Bewachung in die Justizvollzugsanstalt Dreibergen-Bützow. 1839 als Zuchthaus eröffnet, gehörte die JVA zu den ältesten und berüchtigtsten Haftanstalten in Deutschland. In der DDR war die Strafanstalt

Das Zuchthaus Bützow-Dreibergen war die erste Haftstation der drei verurteilten Täter.

eine der gefürchteten drei großen B (Bützow, Bautzen, Brandenburg) – Strafanstalten, in denen Regimegegner unter besonders harten Haftbedingungen zu leiden hatten.

Im Knast hatten Schmidt-Eggers und seine beiden Mittäter keinen Namen mehr. Sie waren nur noch Nummern. Ausgelegt für 800 Gefangene, saßen in Bützow rund 3000 ein. Die drei wurden in Massenzellen untergebracht, jedoch jeder in einer anderen. Privatsphäre gab es da nicht. Auch nicht bei der Notdurft. Die Zelle besaß kein „stilles Örtchen". Wer musste, der benutzte den Kübel, der nahe der Zellentür stand, sichtbar für alle von jedem Platz im Raum. Das Kübelsystem bestand bis in die 1960er-Jahre. Massenzellen gab es bis zum Ende der DDR.

Auch eine ausreichende Körperpflege war nicht möglich. Zum Waschen und Zähneputzen gab es nur kaltes Wasser. Zahnbürsten wurden von Abgängen auf Neuzugänge übertragen.[89] Bei der Verpflegung war Schmalhans Küchenmeister. Die katastrophale Verpflegungslage änderte sich erst ab den 1960er-Jahren, zumindest gab es fortan ausreichend zu essen. Nicht aufgehoben war allerdings der Mangel an Vitaminen und Eiweiß. Der Speisezettel bot keinerlei Abwechslung. Und verdorbene Zutaten wurden noch immer verwendet.[90] Ab und zu „klatschte" es wohl auch eine. Die Misshandlung von Gefangenen war in der DDR weit verbreitet.

Dazu kam die Haftarbeit. Sie gehörte zu den zentralen Säulen des Strafvollzugs. Die Häftlinge wurden für hausinterne Arbeiten zur Aufrechterhaltung des Gefängnisbetriebs eingesetzt oder sie waren für Betriebe in der Region tätig, häufig unter ungefährlichen und gesundheitsschädlichen Arbeitsbedingungen. Dabei konnte der Arbeitseinsatz auch in Werkstätten innerhalb der Gefängnismauern erfolgen oder in eigens eingerichteten Haftarbeitslagern. Die Arbeit in der Strafhaft sollte offiziell zuallererst der „Erziehung" dienen. Tatsächlich war sie seit den 1950er-Jahren mehr und mehr wirtschaftlichen Kriterien unterworfen.

Ernst Schmidt-Eggers

Ernst Schmidt-Eggers arbeitete während seiner Haftzeit in der Bäckerei der Haftanstalt. Schon unmittelbar nach der Verurteilung begann seine Familie den Kampf für seine Freilassung. Am 27. Juni 1951 wandte sich sein Vater per Einschreiben an Wilhelm Pieck. Er schilderte dem Präsidenten der Republik den Fall seines Sohnes und verwies darauf, dass der von seinem Sohn geschlagene Polizist Ulrich Harz während der Verhandlung selbst angegeben habe, *„dass er nicht glaubt, dass die beiden Schläge, die er von meinem Sohn im Handgemenge bekommen hat, ihm gegolten haben"*[91].

Darüber hinaus berichtete er Wilhelm Pieck von einem Besuch bei seinem Sohn: *„Ich habe meinen Sohn am 25.6.51 im Zuchthaus Bützow-Dreibergen besucht und bin über seinen körperlichen und seelischen Zustand erschüttert. Aus dem einst so lebhaften, schaffensfreudigen Buschen ist ein vollkommen niedergeschlagener, verzweifelter und lebensüberdrüssiger Mensch geworden. In der Unterhaltung mit ihm, der ein Hauptwachtmeister beiwohnte, fragte ich ihn unter anderem, warum er das Urteil anerkannt und unterschrieben habe. Ich empfahl ihm, doch jetzt Schritte einzuleiten, um das Urteil zu revidieren. Er winkte untröstlich ab und meinte, er will nicht mehr mit der Angelegenheit zu tun haben. Unter Tränen schilderte er mir, dass er vom Staatssicherheitsdienst solange misshandelt, mit Füßen getreten und geschlagen worden sei, bis er endlich keinen Rat mehr wusste und, um den Qualen ein Ende zu bereiten, das Urteil anerkannt habe."*[92]

Dass Misshandlungen Ernst Schmidt-Eggers zu einem Rechtsmittelverzicht bewogen hätten, bezeichnete die Generalstaatsanwaltschaft Mecklenburgs in einem Schreiben an Wilhelm Pieck als vom Vater erlogen. Sie führte als Beweis das Verhandlungsprotokoll an, in dem die Verurteilten unmittelbar nach der Urteilsverkündung um 22.55 Uhr auf Befragen des Vorsitzenden

Richters erklärten, auf Rechtsmittel zu verzichten.[93]

Immer wieder versuchte die Familie Gnade für den Sohn, Bruder, Schwager zu erreichen. Erst war es allein der Vater, 1953 dann auch die Mutter und die Schwester sowie deren Mann, die für ihren Ernst eintraten und vor allem die Staatsanwaltschaft um Hilfe baten. Schwester und Schwager lebten anfangs noch in Kiel. Am 27. September 1954 richtete dann der Schwager ein Gnadengesuch an Ministerpräsident Otto Grotewohl. Er hegte echte Hoffnung auf eine bedingte Strafaussetzung. Wie er schrieb, war er mit seiner Frau von einem Weihnachtsbesuch bei den Schwiegereltern in Neubrandenburg 1953 nicht nach Kiel zurückgekehrt. *„Ich habe festgesellt, daß in der D.D.R. eine wahre Demokratische Ordnung herrscht. Im Kapitalistischen Lager war ich 3 ½ Jahre Arbeitslos und bekam eine wöchentliche Unterstützung von 18 DM. Hingegen im Staat der Arbeiter und Bauern ich gleich Arbeit bekam. Ich bekam in Neubrandenburg beim VEB (K) Maschinenbau[94] Arbeit als Autoelektriker.*

Zum Kampftag der Werktätigen 1954 erhielt ich für gute Leistungen eine Prämie. Ebenfalls wurde ich einen Anerkannten Verbesserungsvorschlag prämiert. Seit dem 1. Sept 1954 habe ich die schöne und große Aufgabe übernommen und bin als Heimerzieher bei der VEB Bau-Union Neubrandenburg tätig. Ich danke hiermit nochmals der Regierung der Deutschen Demokratischen Republik für all das Gute was mir bis jetzt in der Deutschen Demokratischen zuteilwurde.“[95]

Dreieinhalb Jahre, die sein Schwager bis jetzt für zwei von ihm ausgeteilte Ohrfeigen verbüßt hätte, wären doch wirklich genug Strafe.

Es reichte noch nicht ganz, für Gnade schien es noch ein wenig zu früh. Aber 1955 schaltete sich dann auch die Staatsanwaltschaft Neubrandenburg in den Fall ein. Staatsanwalt Scheibe wandte sich am 31. März 1955 an die Richter, die 1951 Ernst Schmidt-Eggers verurteilt hatten. Theodor Fleischhauer, vier

Jahre zuvor Beisitzender Richter, war inzwischen Direktor des Bezirksgerichts Neubrandenburg. Emil Schmiege leitete ab 1952 als Direktor das Bezirksgericht Rostock, nicht das von Schwerin, an das der Staatsanwalt seinen Brief adressierte.

„Die Strafhöhe (8 Jahre Zuchthaus) erscheint nach unseren heutigen Gesichtspunkten dem Genossen Fleischhauer als auch mir sehr hart, so dass wir beide der Meinung sind, eine eventuelle Strafaussetzung in Erwägung zu ziehen, zumal bei der ganzen Verurteilung bestimmte Umstände zu dieser harten Bestrafung mitgesprochen haben."[96]

Emil Schmiege antwortete am 12. April 1955: *„Es ist möglich, dass sich sein Bewusstsein während der Strafhaft geändert hat und daher der Strafzweck erreicht ist. Sollte dieses an Hand des Führungsberichtes der Strafvollzugsanstalt zu erkennen sein, so würde ich eine Strafaussetzung befürworten. Vorbedingung für eine Strafaussetzung in diesem Falle ist jedoch, dass die Abteilung staatliche Organe der Bezirksleitung mit der Strafaussetzung einverstanden ist."*[97]

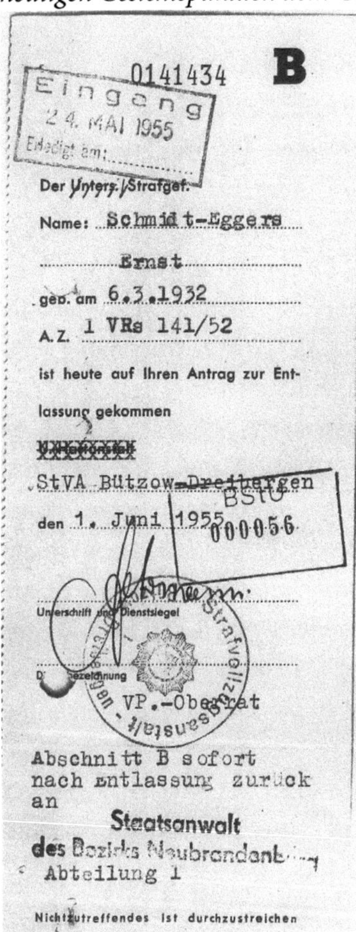

Abschnitt B des Entlassungsscheines von Ernst Schmidt-Eggers aus Bützow vom 1. Juni 1955. Der Abschnitt war an die Staatsanwaltschaft Neubrandenburg zu schicken.

Der Führungsbericht war nicht positiv. In Bützow-Dreibergen sah die Anstaltsleitung den Strafzweck noch nicht erfüllt, weil „*Schmidt-Eggers seinen begangenen Fehler nicht einsieht und der Meinung ist, dass er unschuldig bestraft wurde*"[98]. Scheibe wies den Leiter der Anstalt darauf hin, dass – nach Rücksprache mit den Eltern des Verurteilten – Schmidt-Eggers hauptsächlich mit dem hohen Strafmaß nicht einverstanden sei. Er bat den Leiter des Strafvollzugs, noch einmal mit dem Verurteilten unter diesem Aspekt zu sprechen.

Das Gespräch muss erfolgreich gewesen sein und Schmidt-Eggers verstanden haben, dass man ihm eine Brücke baute. Am 13.5.1955 beantragte Staatsanwalt Scheibe beim 1. Strafsenat des Bezirksgerichts Neubrandenburg, für den Strafgefangenen Ernst Schmidt-Eggers eine bedingte Strafaussetzung zu gewähren. Vier Tage später erging der Beschluss des 1. Strafsenats: bedingte Strafaussetzung am 1. Juni 1955 mit einer Bewährung von drei Jahren.

Als der Staatsanwalt nach der Bewährungsfrist die Reststrafe erlassen wollte und noch einmal Erkundigungen einzog – Auszug aus dem zentralen Strafregister und ein Führungsbericht durch das Volkspolizeikreisamt Neubrandenburg – informierte ihn der zuständige Abschnittsbevollmächtigte, Hauptwachtmeister Samulewitsch, am 4.8.1958, dass Ernst Schmidt-Eggers am 14. Juli 1955 die DDR illegal verlassen habe. Doch alles hatte seinen sozialistischen Gang zu gehen, daher schrieb Staatsanwalt Scheibe am 4.1.1961 einem in Neubrandenburg lebenden Onkel des Geflüchteten, er könne seinem Neffen mitteilen, dass die noch bestehende Bewährungszeit auf Beschluss des Staatsrates erlassen wurde. Das bedeutete, dass die noch zu verbüßende Reststrafe nicht mehr vollstreckt werden konnte. „Sollte ihr Neffe die Absicht haben, wieder in das Gebiet der DDR zurückzukehren, so können ihm aus dieser Strafsache keine Nachteile erwachsen."[99]

Zu diesem Zeitpunkt lebte Ernst Schmidt-Eggers in Bielefeld, wo er kein Jahr nach seiner Flucht am 30. Juni 1956 geheiratet hatte. Dort ist er noch vor der Wende auch verstorben.

Kurt Kantak

Ernst Schmidt-Eggers war bereits im Westen, als Kurt Kantak am 5. Oktober 1956 aus Bützow in die Strafvollzugsanstalt Brandenburg-Görden verlegt wurde. Zwischen 1927 und 1935 als „Musteranstalt des humanen Strafvollzugs" für etwa 1800 Häftlinge errichtet, saßen dort zu DDR-Zeiten insbesondere Häftlinge ein, die wegen Tötungsdelikten zu Strafen ab fünf Jahren, zum Teil bis zu lebenslangen Haftstrafen verurteilt worden waren. Aber auch politische Häftlinge waren dort inhaftiert.

Kurt Kantak und Horst Paschen lernten während ihrer Haft auch die Strafanstalt Brandenburg-Görden kennen.

In den ersten Jahren präsentierte Kantak sich nicht als Mustergefangener. *„Dem Aufsichtsdienst trat er frech und undiszipliniert gegenüber. In der Zelle hatte er verbotene Gegenstände im Besitz und in der Freistunde versuchte er, Verbindungen zu anderen Strafgefangenen aufzunehmen. Er wurde in dieser Beziehung mehrfach ermahnt."*[100] 1957 wurde er mit 21 Tagen strengem Arrest bestraft, weil er einen Mitgefangenen geschlagen hatte.

„Das Gegenteil seiner Führung sind seine Arbeitsleistungen. Seit Oktober 1956 ist K. als Maschinennäher im A-Betrieb Schneiderei tätig gewesen. Seine gezeigten Arbeitsleistungen können mit gut beurteilt werden. Die durchschnittliche Normerfüllung lag bei 155 %. Er wurde während es Arbeitseinsatzes in der Schneiderei mit mehreren Geldprämien ausgezeichnet. Aus innerbetrieblichen Gründen wurde er dort abgelöst und kam zur Tischlerei."[101]

Auch dort wurden dem Abonnenten des „Neuen Deutschland“, der nach der Haftentlassung gern in einer LPG gearbeitet hätte, gute Leistungen bescheinigt. Trotzdem fand VP-Major Fritz Ackermann, der von 1958 bis 1983 die Strafvollzugsanstalt auf dem Görden in Brandenburg autokratisch leitete, dass der Strafzweck bei Kantak als *„noch nicht erreicht angesehen werden“*[102] konnte. Damit widersprach er dem Urteil eines Wachtmeisters aus dem Strafvollzug, der den Führungsbericht Kantaks am 29.3.1961 für den großen Chef vorbereitet hatte.[103]

Die Beurteilung durch den Anstaltsleiter, die Kurt Kantak eine vorzeitige Entlassung auf Bewährung kostete, führte zu einer Trotzreaktion bei ihm. Schon zehn Tage nach dem Ackermann-Bericht über ihn, forderte der Leiter der Brandenburger Produktionsstätte des VEB Holzverarbeitungswerkes Burg die „Rückberufung“ des Strafgefangenen Kantak, der *„an seinem Arbeitsplatz unvorschriftsmäßig arbeitet“*[104]. *Bei der Arbeit handelte es sich um das „primitive Abwaschen von Leim. Von dem Strafgefangenen wurden jedoch keine Lehren angenommen, sondern er legt im Gegenteil noch ein äußerst freches Benehmen an den Tag. Aus diesem Grunde müssen wir eine sofortige Rückstufung des Strafgefangenen vornehmen. Uns wäre allerdings sehr gedient, wenn dieser renitente Strafgefangene aus dem Betrieb genommen würde.“*[105]

Handschriftlich finden sich auf den Schreiben zwei Anmerkungen. Kantak wäre gesundheitlich nicht in der Lage, diese Arbeiten in der Tischlerei durchzuführen. Gefährliche Arbeiten, z. B. mit potenziell giftigen Substanzen wie Lösungsmitteln, wurden gern Gefangenen übertragen.

Außerdem wurde vorgeschlagen, Kantak in der Schneiderei einzusetzen, weil er dort schon einmal tätig gewesen war. Dieser Empfehlung folgte man. Und der Strafgefangene erwies sich als fügsam. 1962 schlug Anstaltsleiter Fritz Ackermann dem Staatsanwalt des Bezirks Neubrandenburg vor, Kantak zwischen dem 10. und 20. Juli aufgrund § 346 der Strafprozessordnung auf Bewährung vorzeitig aus der Haft zu entlassen. Doch daraus wurde noch nichts. Ein Jahr später wiederholte man den Vorschlag. Kantak erhielt ein erstklassiges Führungszeugnis, in dem hervorgehoben wurde, dass er aufgrund seiner guten Leistungen als Bandmeister und Schichtleiter in der Schneiderei eingesetzt war, er mehr als 536 Mark Prämien erhalten und im Rahmen des Produktionsaufgebotes eine Einsparung von 804 Mark erreicht hatte. Außerdem habe er *„erkannt, dass der VI. Parteitag große Perspektiven eröffnete, wodurch der DDR große Aufgaben erwachsen [...] Seine Diskussionen lassen erkennen, dass er aus der sozialistischen Presse die richtigen Schlussfolgerungen gezogen"*[106] habe.

Hingewiesen wurde auch darauf, dass er einsehe, dass seine Bestrafung zu Recht erfolgte, er sich niemals zur Spionagetätigkeit hätte hinreißen lassen dürfen und er sich bemühen werde, den begangenen Fehler durch einwandfreie Führung und Arbeitsleistung wiedergutzumachen. Sein Berufswunsch hatte nichts mehr mit Landwirtschaft zu tun. Er wollte jetzt lieber weiter in einer Näherei arbeiten.

Die Staatsanwaltschaft stimmte dem Antrag zu und beantragte beim Bezirksgericht, die Strafe bedingt auszusetzen. Am 26. Juni 1963 entschied der 1. Strafsenat des Bezirksgerichts Neubrandenburg den Antrag positiv. Am 2. Juli 1963 wurde Kurt Kantak nach Neubrandenburg entlassen. Am 4. Dezember 1964 wurde er im Rahmen des Amnestieerlasses des Staatsrates der DDR vom 3. Oktober 1964 amnestiert. Am 20. Dezember verübte er Selbstmord. Eine Anmerkung auf der Mitteilung der Kreisdienststelle des MfS an den Bezirksstaatsanwalt nennt als Grund dafür *„Differenzen in der Familie"*[107].

Während Kantaks Haft hatte sich die Familie übrigens wieder und wieder für eine bedingte Strafaussetzung eingesetzt. Sowohl der Vater wurde persönlich und schriftlich bei der Staatsanwaltschaft vorstellig als auch die in Parchim lebende Schwester

283/63   12/07.63   AR/Sekr. ... Nbg.

Entlassungsverfügung   I   № 020382

An die Strafvollzugs-/U.-Haftanstalt   Brandenburg

Der .../Strafgef.   Kurt   K a n t a k

geb. am 28.11.30 in Neubrandenburg, z. I VRS ...1/52

Haftbefehl ausgestellt am .... vom .... Gericht

....

rechtsk. Urteil vom Land-... Gericht in Schwerin

am 25.4.52 wegen Verbrechen n. Art. 6 Verf. d. DDR

Strafende 24.4.66 ist unverzüglich ... 2.8.1963 zu entlassen,

~~...~~ / bedingte Strafaussetzung angeordnet ist.

Dienstsiegel

Neubrandenburg, den
Datum 2. 7. 1963   ... Lachmann   Staatsanw.

Rückfrage erfolgte am 17.07.1963 ... Bez. Staa. Potsdam

durch   STVA Brandenburg   Wojatzek/ Vohrberg

Verfügung des Leiters der Anstalt:

a) Aktenunterlagen des Gefangenen sind nachgeprüft durch: ...

b) Entlassung ist vorzunehmen ...

c) Entlassung wird nicht durchgeführt, da ...

BStU
000097

Dienstsiegel und Unterschrift des Leiters der Anstalt
Hauptmann der VP

Die Verfügung darf nur ausgeführt werden, nachdem
zuvor bei dem Unterzeichneten oder bestätigen-
den Staatsanwalt fernmündlich Rückfrage über die
Gültigkeit dieser Verfügung gehalten worden ist

StVA – Brandenburg
Eingang
5. JULI 1963
Tgb. Nr. 2009/...

Diese Entlassungsverfügung hat nur Gültigkeit nach telefonischer Bestätigung

Entlassungsverfügung für Kurt Kantak aus dem Strafvollzug in Brandenburg

Kantaks. Sie schrieb 1956 und 1957 an den Präsidenten Wilhelm
Pieck, was zur zweimaligen Prüfung des Falles führte und zur
zweimaligen Ablehnung ihres Gnadengesuches. 1958 wurde die
Schwester dann mit ihrem Mann persönlich bei der Staatsanwaltschaft vorstellig, wo Kantaks Schwager in Streit mit Staats-

anwalt Guhr geriet, da er die Strafe für zu hoch hielt und nicht glaubte, dass die Sache 1951 so gewesen sei, wie sie geschildert wurde.[108]

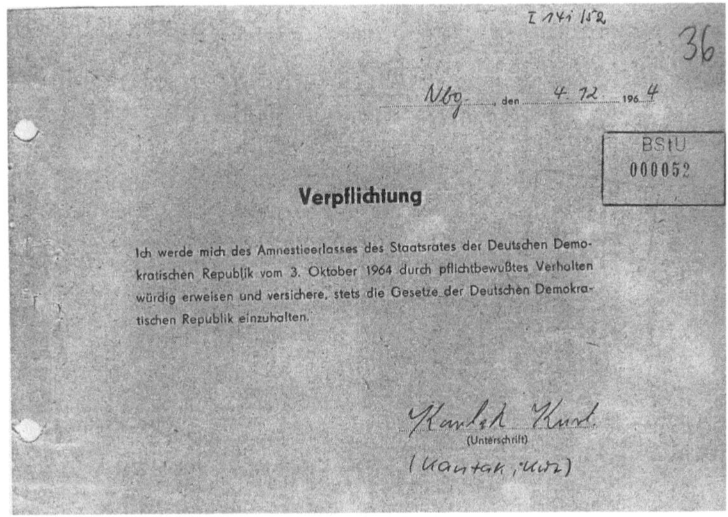

Am 4. Dezember 1964 wurde Kurt Kantak amnestiert.

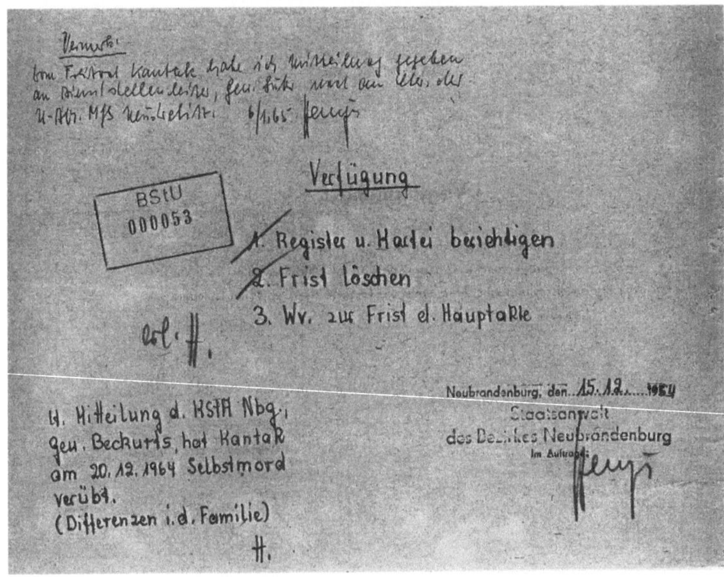

Mitteilung über den Selbstmord von Kurt Kantak am 20.12. 1964 durch die Kreisdienststelle des MfS

Horst Paschen

Wie die Familien von Ernst Schmidt-Eggers und Kurt Kantak kämpfte auch die Familie von Paul Paschen um ihren Sohn. Sie beließ es aber nicht nur bei Gnadengesuchen. Vater Paul beabsichtigte, einen Rechtsanwalt mit der Wiederaufnahme des Verfahrens gegen seinen Sohn zu beauftragen. Daher wandte er sich an den Generalstaatsanwalt der DDR und verwies auf ein Gespräch, dass seine Frau Hedwig am 24. Februar 1956 in der Staatsanwaltschaft Neubrandenburg mit Staatsanwalt Scheibe geführt hatte. *„Von dem Herrn Staatsanwalt Scheibe erhielt meine Frau die Mitteilung, dass er sich mit seinem Herrn Kollegen die Akten unseres Sohnes eingesehen habe und es sei festgestellt worden, dass das Urteil nicht richtig sei.“*[109]

Die Bitte um eine Kopie des Urteils hätte Staatsanwalt Scheibe aber zurückgewiesen. Paul Paschen wiederholte die Bitte nun mit dem Hinweis auf das geplante Wiederaufnahmeverfahren gegenüber Generalstaatsanwalt Melsheimer, da ein Rechtsanwalt ohne Klageschrift und Urteil das Anliegen der Wiederaufnahme nicht begründen kann.

Paul Paschen teilte Dr. Melsheimer ebenfalls mit, dass weder er noch seine Frau 1951 zum Prozess geladen worden waren. *„Wir haben erst einige Wochen nach der Verurteilung erfahren, dass er wegen Mordes und Spionage zu lebenslänglichem Zuchthaus verurteilt worden ist. Es ist auch nicht bekannt, ob unser Sohn zur Hauptverhandlung einen Offizialverteidiger gehabt hat, mit dem wir uns wegen der Wiederaufnahme in Verbindung setzen könnten.“*[110]

Ein Wiederaufnahmeverfahren gab es nicht – Vater und Mutter Paschen hatten Dr. Melsheimer gebeten, zu prüfen, ob ein solches Verfahren Erfolg haben könnte, und die Antwort muss wohl negativ gewesen sein. Dafür reichten die Eltern jetzt Jahr für Jahr Gnadengesuche ein und zwangen die Behörden, sich jedes Jahr mit dem Schicksal ihres Sohnes auseinanderzusetzen. Dazu hielten sie intensiven Briefkontakt mit ihm und nutzten auch die Möglichkeiten, ihn zu besuchen. „Diese [Eltern] wirken positiv auf ihn ein, fordern ihn immer wieder zur guten Führung und zu guten Arbeitsleistungen auf. Gelegentlich besucht ihn auch seine Schwester, Frau J. [Rest des Namens geschwärzt], welche ebenfalls positiv auf ihn einwirkt."[111]

Zum 30. Jahrestag der Republik reichte Horst Paschen selbst ein Gnadengesuch beim Staatsrat ein. Das wurde abschlägig beschieden, ließ aber erstmals Hoffnung aufkommen, hieß es doch in der Ablehnung, *„dass zum gegenwärtigen Zeitpunkt noch keine Möglichkeit für die Einleitung eines Gnadenverfahrens gesehen"*[112] werden könne.

Zwei Jahre später war es dann so weit. Am 4. Juni 1971 öffneten sich für den inzwischen Fünfzigjährigen nach 20 Jahren Haft die Tore des Strafvollzugs in Brandenburg. Horst Paschen wurde nach Neubrandenburg entlassen.

Während seiner Haft war der Leser des „Neuen Deutschland" und der „Jungen Welt" 66 Mal für gute Leistungen ausgezeichnet worden. Er hatte *„nach der Arbeitszeit Aufgaben erfüllt, die für die Strafvollzugsanstalt als auch für die Volkswirtschaft von großem Nutzen sind. Auf der gleichen Ebene sind seine Verbesserungsvorschläge zu bewerten."*[113] Zuletzt arbeitete Horst Paschen als Brigadier in der Elektrowerkstatt der Strafanstalt, davor als Betriebselektriker im Betriebsteil Brandenburg des Holzverarbeitungswerks Burg. Als Brigadier ließ er seinen Brigademitgliedern keine Schluderei durchgehen.

Begonnen hat Horst Paschens Reise durch den Strafvollzug in Büzow, wo er bis 1957 einsaß. Dann wurde er in die Haftanstalt Berlin-Hohenschönhausen verlegt. Dies war das zentrale Untersuchungsgefängnis der Staatssicherheit und ihr wichtigstes. Es war auf keinem Stadtplan eingezeichnet. Zur Zeit der Inhaftierung Paschens in Hohenschönhausen mussten verurteilte

Innenhof des Gefängnisneubaus

Gefangene, die in einem geheimen Haftarbeitslager untergebracht waren, neben dem „U-Boot", dem alten „Kellergefängnis",
einen Neubau mit über 100 Zellen und 120 Vernehmungszim-
mern errichten. Die an den Außenseiten liegenden oberirdi-
schen Zellen erhielten vergitterte Glasbausteinfenster. Nach
Fertigstellung des Neubaus 1960 wurde Horst Paschen im September nach Brandenburg-Görden verlegt. Dort setzte man ihn
als Elektriker im Brandenburger Traktorenwerk ein, das damals
u. a. den beliebten Famulus-Traktor herstellte. Aufgrund seiner
guten Arbeitsleistungen wurde Horst Paschen im Dezember
1960 Brigadier der Elektriker im Brandenburger Strafvollzug.
Die Funktion bekleidete er bis 1964. Dann kam es zu einem Vorfall, der in den Akten der Stasiunterlagenbehörde geschwärzt ist.

Horst selbst muss diesen Vorfall sehr schnell als Fehler ein-
geschätzt haben. Er bemühte sich, mit noch besseren Leistungen wieder Vertrauen aufzubauen. Über seine Häftlingsarbeit
hinaus leistete er freiwillig mehr als 500 unbezahlte Arbeitsstun-
den „und brachte der Volkswirtschaft einen Nutzen von 1000
MDN[114]. Des Weiteren reichte er drei Verbesserungsvorschläge
ein, welche auch realisiert wurden."[115]

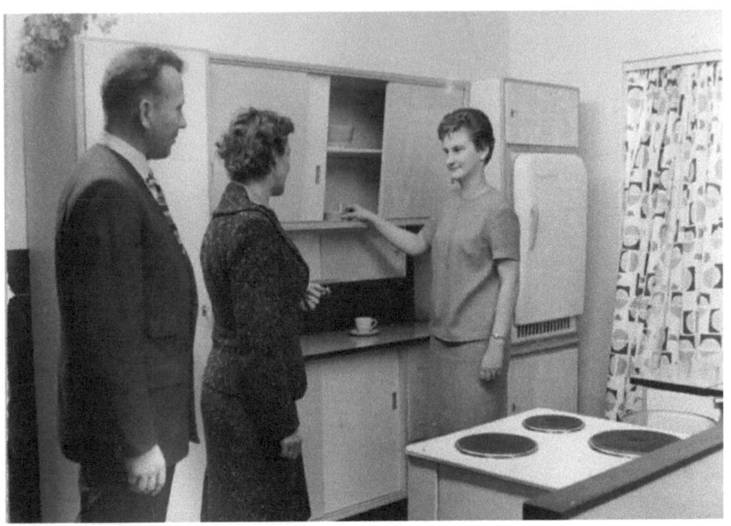

*Küchenmöbel für den Klassenfeind. Der VEB Holzverarbeitungswerk Burg,
in dem Horst Paschen von 1964 bis 1971 Betriebselektriker war, zeigt auf der
Leipziger Messe die Anbauküche Modell 62. Im Werk wurden von Häftlingen
Küchenmöbel für den Export in die Bundesrepublik produziert, die im Westen
günstig als Katalogware angeboten wurden.*

Diese Einstellung brachte Horst Paschen schnell wieder das Ansehen zurück, das er zeitweise verloren hatte. Er wurde als Elektriker in der Schneiderei der Haftanstalt eingesetzt und dann als Betriebselektriker im Holzverarbeitungswerk, wo er bis 1971 tätig war.

Im Abschlussbericht des Strafvollzugs, der übrigens selbst zwei Gnadengesuche für Horst Paschen eingereicht hat, ist zu lesen: *„Zusammenfassend muss gesagt werden, dass der Strafgefangene Paschen die richtigen Schlussfolgerungen aus seiner Vergangenheit gezogen hat und der Erziehungsprozess zu einem positiven Erfolg führte. Er setzt alles daran, um seine Schuld soweit wie möglich wiedergutzumachen, wenn er auch das Geschehene nicht wieder rückgängig machen kann. In den mit ihm geführten Aussprachen brachte er immer wieder zum Ausdruck, dass er seine Tat aufs bitterste bereue und er sich heute oftmals die Frage stellt, wie er sich dazu hat hinreißen lassen können.“*[116]

Endnoten

1   *E-Mail der Pressestelle der Stadt Neubrandenburg an den Autor mit Beschlussvorlage R27-15/91.*

2   *Goethe von, Johann Wolfgang: Faust I, Vers 3456 f., Szene in Marthens Garten.*

3   *Landeszeitung vom 23. April 1951.*

4   *Stadtarchiv Neubrandenburg: Rechenschaftsbericht des Gewerbeaufsichtsamtes 1949 vom 2. Januar 1950. – Alle zitierten Texte in diesem Werk werden sprachlich nicht bereinigt, sondern mit allen Fehlern wiedergegeben, ohne dies jedes Mal kenntlich zu machen.*

5   *Stadtarchiv Neubrandenburg, Rechenschaftsbericht des Gewerbeaufsichtsamtes 1945–1948 vom 30.12.1949.*

6   *Stadtarchiv Neubrandenburg: Rechenschaftsbericht des Gewerbeaufsichtsamtes 1949 vom 2. Januar 1950.*

7   *Ebenda.*

8 *BStU, MfS BV Neubrandenburg, AU 147/51, Anlage 2, Verhandlungsprotokoll vom 25.4.1951, Aussage Zeuge Hartz, S.17.*

9 *Der 1884 in Marienwerder (Westpreußen) geborene Mediziner war seit dem 1. Oktober 1922 Facharzt für Chirurgie in Neubrandenburg. Während des Krieges war er Oberstabsarzt und Chefarzt des 1940 im heutigen Lessing-Gymnasiums eingerichteten Reservelazaretts. Noch 1958 ist er Chirurg in der Kreispoliklinik in der Neubrandenburger Rosenstraße 8. Er wohnte bis 1926, im sogenannten Medizinalrat-Brückner-Haus (Ecke Neutorstraße, Stargarder Straße, Seite des Hörgerätegeschäftes), da 1926 dort seine erste Tochter (Margarete) geboren wurde. Dr. Walter Krause war mit Anna (Anni) Giesecke verheiratet, der Tochter des Neubrandenburger Senators und Architekten Ludwig Giesecke.*

10 *Er wirkte noch 1969 als Chirurg am Kreiskrankenhaus Neubrandenburg und wurde als Verdienter Arzt des Volkes ausgezeichnet. Sein Grabstein auf dem Neuen Friedhof steht unter Denkmalschutz.*

11   *Landeszeitung vom 23.04.1951.*

12   *Landeszeitung vom 26.04.1951.*

13   *Landeszeitung vom 30.03.1951.*

14   *Neues Deutschland vom 28.03.1951.*

15   *Neubrandenburg – Dokumentation 1949–1969. Hrsg. vom Kulturhistorischen Museum Neubrandenburg 1969, o. S.*

16   *Günter Harder. Aus einem Bericht des Genossen Korvettenkapitän Willy Wagner in einer Broschüre der Volksmarine, die zum 10. Jahrestag der Verleihung des Namens „Volksmarine" 1970 erschien.*

17   *Freie Erde vom 27.03.1981.*

18   *Pfeiffer, Ingo: Seestreitkräfte der DDR – Abriss 1950–1990, Berlin 2014. S. 207.*

19   *BStU, MfS BV Neubrandenburg, AU 147/51, Anlage 2, Anklageschrift vom 21.4.1951.*

20   *www.cdu-mse.de/neubrandenburg/peter-schillo, abgerufen am 20.11.2020.*

21   *www.cdu-mse.de/neubrandenburg/peter-schillo, abgerufen 20.11.2020.*

22   *Volkspolizisten standen, laut „Spiegel" vom 27.10.1949, S. 6, neben doppelter Zusatzverpflegung Verpflegungssätze der Kartengruppe I (Schwerstarbeiter) zu.*

23   *BStU, MfS BV Neubrandenburg, AU 147/51, Anlage 1, Vernehmung von Horst Paschen am 24.3.1951.*

24   *BStU, MfS BV Neubrandenburg, AU 147/51, Anlage 1.*

25   *BStU, MfS BV Neubrandenburg, AU 147/51, Anlage 3, Vernehmung von Horst Paschen am 24.3.1951.*

26   *BStU, MfS BV Neubrandenburg, AU 147/51, Anlage 2, Anklageschrift vom 21.4.1951, Punkt B, 1.*

27   Ebenda.

28   Ebenda.

29   Ebenda.

30   Die Vereinigung Volkseigener Betriebe (VVB) war eine Rechtsform in der Wirtschaft der DDR.
VVB entstanden mit der Einführung und dem schrittweisen Aufbau der sozialistischen Planwirtschaft
in der Sowjetischen Besatzungszone und der späteren DDR ab 1948. Mit Beginn der 1970er-Jahre
traten zunehmend Kombinatsstrukturen an ihre Stelle.

31   LHAS 6.11–14, Ministerium für Wirtschaft, Nr. 4235.

32   Werkentin, Falco: Wir wollen Butter, keine Kanonen, in: Berliner Morgenpost vom 09.04.2003.

33   https://www.ziltendorf.com/service/Rezepte/DDR/preise.htm, abgerufen am 12.12.2020.

34   Neues Deutschland, 3. Oktober 1948, S. 5: Intendant Schmidt über das Winterprogramm.

35   Kontrollratsdirektive 38 vom 12. Oktober 1946, Artikel III, III.

36   Haftbeschlüsse waren strafverfahrensrechtlich nicht vorgeschriebene, lediglich MfS-interne
Anordnung der Inhaftierung eines Beschuldigten, die dem Leiter der Hauptabteilung IX (HA IX)
und seinen Stellvertretern bzw. den Leitern der MfS-Bezirksverwaltungen und ihren Stellvertretern
operativ oblag. Sie sollten das geordnete Verfahren innerhalb des MfS absichern und waren – außer bei
dem im MfS seltenen Fall einer tatsächlichen Festnahme auf frischer Tat – unbedingte administrative
Voraussetzung für eine Festnahme.

37   BStU, MfS BV Neubrandenburg, AU 147/51, Anlage 1.

38   BStU, MfS BV Neubrandenburg, AU 147/51, Anlage 4 Bericht vom 26.3.1951 des Kommandeurs
Jung, konkrete Schilderung des Überfalls in Neubrandenburg am 24.3.1951.

39   BStU, MfS BV Neubrandenburg, AU 147/51, Anlage 4, von Erich Mielke unterzeichnetes
Schreiben vom 25.4.1951.

40   Ebenda.

41   Suckut, Siegfried; Süß, Walter (Hrsg.): Staatspartei und Staatssicherheit. Zum Verhältnis von SED
und MfS. Berlin 1997, S. 142 f.

42   Sälter, Gerhard: Interne Repression. Die Verfolgung übergelaufener MfS-Offiziere durch das MfS
und die DDR-Justiz (1954–1966), Dresden 2002, S. 84–93.

43   BStU, MfS BV Neubrandenburg, AU 147,51, Anlage 5, Ergänzung zum Bericht vom 2. April 1951
an den Generalstaatsanwalt der DDR.

44   BStU, MfS BV Neubrandenburg, AU 147/51, Anlage 4, Fernschreiben des Chefs der
Landesverwaltung Schwerin der Staatssicherheit an Erich Mielke.

45   BStU, MfS BV Neubrandenburg, AU 147/51, Anlage 7, Ernst Schmidt in einem Brief vom 7.7.1953
an den Bezirksstaatsanwalt Neubrandenburg.

46   BStU, MfS BV Neubrandenburg, AU 147/51, Anlage 4, Schlussbericht zum U(ntersuchungs)-
Vorgang 224/51 vom 11.4.1951, unterzeichnet vom stellvertretenden Leiter der Ermittlungsabteilung
IX, Sylvester Murau.

47   BStU, MfS BV Neubrandenburg, AU 147/51, Anlage 4, Brief des Leiters der Abteilung 4, Paul
Rumpelt, vom 17. 4.1951 an den Chef der Landesverwaltung Schwerin.

48   Günter Harder. Aus einem Bericht des Genossen Korvettenkapitän Willy Wagner in einer
Broschüre der Volksmarine, die zum 10. Jahrestag der Verleihung des Namens „Volksmarine“ 1970
erschien.

49   BStU, MfS BV Neubrandenburg, AU 147/51, Anlage 2, Totenschein.

50   BStU, MfS BV Neubrandenburg, AU 147/51, Anlage 2, Sterbeurkunde.

51   Stadtarchiv Neubrandenburg, Kopie Eintrag im Sterbebuch des Standesamtes vom 17.4.1951.

52   Günter Harder. Aus einem Bericht des Genossen Korvettenkapitän Willy Wagner in einer
Broschüre der Volksmarine, die zum 10. Jahrestag der Verleihung des Namens „Volksmarine“ 1970

erschien.

53   BStU, MfS BV Neubrandenburg, AU 147/51, Anlage 2, Aussage Elli Elsholz am 25.4.1951 während des Prozesses im Volkshaus.

54   BStU, MfS BV Neubrandenburg, AU 147/5 2, Aussage Franz Klotzin am 25.4.1951 während des Prozesses im Volkshaus.

55   BStU, MfS BV Neubrandenburg, AU 147/51, Anlage 4, Bericht des Kommandeurs Jung vom 26.4.1951 über den Prozess am Tag zuvor.

56   Ebenda.

57   Ebenda.

58   Hersteller von Augenprothesen, der sie dem Patienten auch anpasst. Er berät und betreut den Patienten in allen Fragen zur speziellen okularen Prothetik und der entsprechenden Versorgung.

59   In der Zeit des Nationalsozialismus wurden die Zeugen Jehovas unter anderem wegen ihrer konsequenten Weigerung, Kriegsdienst zu leisten, den Hitlergruß zu entbieten oder in anderer Weise am Führerkult teilzunehmen, verfolgt. Sie wurden in Konzentrationslager eingesperrt und kamen teilweise darin um. Zahlreiche Mitglieder der Religionsgemeinschaft, die sich weiterhin aktiv missionarisch und antimilitaristisch betätigten, wurden hingerichtet. In der DDR erhielten die Zeugen Jehovas zunächst eine Zulassung zur „gottesdienstlichen Betätigung". Im August 1950 wurde ihnen unterstellt, dass ihre Vereinigung „Boykotthetze" gegen demokratische Einrichtungen betreibe und dass ihre Mitglieder „Spione" einer imperialistischen Macht seien. Sie wurden daraufhin verboten.

60   Artikel 6 der DDR-Verfassung: „Alle Bürger sind vor dem Gesetz gleichberechtigt. Boykotthetze gegen demokratische Einrichtungen und Organisationen, Mordhetze gegen demokratische Politiker, Bekundung von Glaubens-, Rassen-, Völkerhass, militaristische Propaganda sowie Kriegshetze und alle sonstigen Handlungen, die sich gegen die Gleichberechtigung richten, sind Verbrechen im Sinne des Strafgesetzbuches. Ausübung demokratischer Rechte im Sinne der Verfassung ist keine Boykotthetze."

61   Halbrock, Christian: Freiheit heißt, die Angst verlieren, Göttingen 2015, S. 424.

62   BStU, MfS BV Neubrandenburg, AU 147/51, Anlage 2, Anklageschrift von 21.4.1951.

63   Der promovierte Rechtsanwalt und Notar, Sohn eines Rechtsanwaltes und Bankdirektors, war 1899 in Buenos Aires geboren worden. Er studierte in Bonn, Heidelberg und 1919 auch in Rostock. 1926 kandidierte er für die Deutsche Volkspartei für den Landtag von Mecklenburg-Schwerin. Nach dem Prozess gegen Paschen, Kantak und Schmidt-Eggers floh auch Dr. Büsing in den Westen. 1952 wird darüber in der vom Untersuchungsausschuss Freiheitlicher Juristen gefertigten Band 2 des Buches „Unrecht als System" berichtet. Der Untersuchungsausschuss Freiheitlicher Juristen war eine im Oktober 1949 in West-Berlin gegründete und von der CIA finanzierte und gesteuerte deutsche Menschenrechtsorganisation, die sich der Aufdeckung rechtsstaatswidriger Verhältnisse in der DDR widmete.

64   BStU, MfS BV Neubrandenburg, AU 147/51, 4, Bericht von Kommandeur Jung über die Durchführung des Prozesses vom 26.4.1951.

65   Dirksen, Hans-Hermann: Keine Gnade mit den Feinden unserer Republik. Die Verfolgung der Zeugen Jehovas in der SBZ/DDR 1945–1990, Berlin 2003, S. 383.

66   Dr. Hildegard Heinze, geb. Fehling, wurde 1948 von Walter Ulbricht dem ZK der SED als Leiterin der Abteilung Kontrolle der Gerichte und Staatsanwaltschaften der Deutschen Zentralverwaltung für Justiz (DVJ) vorgeschlagen und mithilfe der SMAD angestellt. Nach Umwandlung der DVJ in ein reguläres Justizministerium im Oktober 1949 blieb Heinze zunächst Hauptabteilungsleiterin, nunmehr für den Bereich Rechtsprechung. In dieser Funktion vertrat sie von Mai bis Juli 1950 das Justizministerium bei den Waldheimer Prozessen als Instrukteurin. Zum 1. Januar 1951 wechselte sie planmäßig zur Obersten Staatsanwaltschaft. Allerdings war der Wechsel mit einem handfesten politischen Streit verbunden. In Kenntnis ihrer Rolle bei den Waldheimer Prozessen protestierte

der damalige CDU-Vorsitzende Otto Nuschke, der eine Überprüfung der Waldheimer Urteile anstrebte. Sein Protest verhallte ungehört, im Ergebnis wurde Heinzes Wechsel auf der Sitzung der Provisorischen DDR-Regierung vom 31. August 1950 bestätigt. Hildegard Heinze entwickelte sich am eigentlichen Personalleiter vorbei zur treibenden Kraft hinsichtlich der Personalpolitik in der Obersten Staatsanwaltschaft und nahm beim Aufbau dieser Behörde eine Schlüsselstellung ein.

67   BStU, MfS BV Neubrandenburg, AU 147/51, 4, Bericht von Kommandeur Jung über die Durchführung des Prozesses vom 26.4.1951

68   Ebenda.

69   Die Beisetzung fand am 28. März 1951 um 14 Uhr auf dem neuen Friedhof statt. Günter Harder war zuvor im Saal des Hauses der deutsch-sowjetischen Freundschaft aufgebahrt. An der Beisetzung nahmen nach einer Mitteilung des Kommandeurs Rux an die 4000 Menschen teil.

70   Das Bundesministerium für innerdeutsche Beziehungen (BMB) wurde 1949 unter der Bezeichnung Bundesministerium für gesamtdeutsche Fragen (BMG) errichtet. Bis 1957 war Minister Jacob Kaiser im Amt. Das BMB war in seinen Anfängen in der Bekämpfung des Kommunismus tätig. Dabei arbeitete es eng mit dem Bundesnachrichtendienst, dem Verfassungsschutz und der CIA zusammen.

71   AFI, Amt für Informationen. Nach Einstellung der sowjetischen Zensur im August 1949 wurde im September 1949 die Hauptverwaltung für Information als Zentralbehörde in der SBZ errichtet. Nach Gründung der DDR im Oktober 1949 Umbenennung in Amt für Information. 1952 bis 1963 Presseamt beim Ministerpräsidenten der DDR, ab 1963 Presseamt beim Vorsitzenden des Ministerrates der DDR. Das Amt für Information gab es bis zur Bezirksgründung auch auf Länderebene.

72   Friedrich (Fiete) Fellenberg war von 1946 bis 1952 als SED-Mitglied Abgeordneter des mecklenburgischen Landtages. 1948 wurde er hauptamtlicher Funktionär im Sekretariat der SED-Landesleitung. Nach der Konstituierung der Provisorischen Länderkammer der DDR im Oktober 1949 entsandte ihn der Landtag als einen seiner Vertreter in die Länderkammer. Nach der Bildung von Bezirken wurde er 2. Sekretär der SED-Bezirksleitung Neubrandenburg. 1954 geriet er in eine parteiinterne Säuberung und wurde zeitweise aus der SED ausgeschlossen und inhaftiert.

73   Hauptabteilung

74   Waldemar Verner begann seine Offizierslaufbahn am 15. Juni 1950 bei der Hauptverwaltung Seepolizei im Ministerium des Innern, deren Generalinspekteur und Leiter er bis 1952 war. Von Oktober 1952 bis 1955 bekleidete Verner das Amt des Chefs der Volkspolizei See mit Sitz in Stralsund im Rang eines Vizeadmirals. Von 1955 bis 1956 absolvierte er ein Studium an der Seekriegsakademie der Sowjetunion. Von 1957 bis 1959 war er Chef der Seestreitkräfte. Anschließend wurde er stellvertretender Minister für Nationale Verteidigung der DDR und Chef der Politischen Hauptverwaltung der NVA. Bis zu seinem Ausscheiden aus dem aktiven Dienst am 31. Dezember 1978 nahm Verner diese Funktionen wahr. Am 1. März 1961 wurde er als erster Offizier der Volksmarine zum Admiral befördert.

75   Landes-Zeitung Mecklenburg, Ausgabe Nr. 74/1951 vom Freitag, 30. März 1951. Regionalausgabe Demmin.

76   Ende Juni 1955, nach zehn Jahren, stellte die Armee-Zeitung ihr Erscheinen ein. Ihre propagandistischen Aufgaben übernahmen das „Neue Deutschland" und die anderen DDR-Parteizeitungen.

77   Tägliche Rundschau vom 20.3.195, in: BStU, MfS BV Neubrandenburg, AU 147/51, Anlage 5.

78   Die zweite Schusswaffe ist eine Zeitungsente. In den Akten der Stasiunterlagenbehörde wird an keiner Stelle eine zweite Waffe erwähnt.

79   Nationalzeitung vom 31.3.1961, S. 4, in BStU, MfS BV Neubrandenburg, AU 147/51, Anlage 5.

80   Landes-Zeitung Mecklenburg, Ausgabe Nr. 94/1951 vom Montag, 23. April 1951. Regionalausgabe

Greifswald, S. 1.

81   Der ADN war im Oktober 1946 mit Zustimmung der SMAD von mehreren Verlagen, Zeitungen und Rundfunksendern als GmbH gegründet worden. Im April 1953 wurde die GmbH in eine staatliche Nachrichtenagentur umgewandelt.

82   Telegraf vom 24.4.1951, in: BStU, MfS BV Neubrandenburg, AU 147/51, Anlage 4.

83   In der Meldung ist der Vorname falsch, mit einem „h", geschrieben.

84   In den Dokumenten der Stasiunterlagenbehörde taucht dieser Fakt nirgendwo auf.

85   Landes-Zeitung Mecklenburg, Ausgabe Nr. 97/1951 vom Donnerstag, 26. April 1951, Regionalausgabe Demmin, S. 2.

86   Landes-Zeitung Mecklenburg, Ausgabe Nr. 98/1951 vom Freitag, 27. April 1951, Regionalausgabe Demmin, S. 2.

87   Telegraf vom 28.4.1951, in: BStU, MfS BV Neubrandenburg, AU 147/51, Anlage 4. Die Nachricht gibt den Tatablauf fehlerhaft wieder.

88   Neue Zeit vom 1.5.1951, S. 4. Die ADN-Meldung strotzt vor Fehlern. Wieder ist der Vorname von Günter Harder falsch geschrieben. Verhandelt wurde in Neubrandenburg nur ein Tag. Nur zweien der drei Verurteilten wurde aufgrund eigener Geständnisse Spionagetätigkeit nachgewiesen. Nur zweien wurde der unerlaubte Waffenbesitz nachgewiesen.

89   Bundesarchiv, Verwaltung Strafvollzug, Protokoll der Arbeitstagung vom 26./27. Januar 1961, DO 18507.

90   Skribanowitz, Gert: Feindlich eingestellt. Vom Prager Frühling ins deutsche Zuchthaus, Böblingen 1991, S. 86 ff.

91   BStU, MfS BV Neubrandenburg, AU 147/51, Anlage 5, Eingabe von Ernst Schmidt an Präsident Wilhelm Pieck vom 27.6.1951.

92   Ebenda.

93   Ebenda, Schreiben Generalstaatsanwalt des Landes Mecklenburg vom 4. August 1951.

94   Das war die ehemalige Lythall Maschinenfabrik am Pferdemarkt.

95   BStU, MfS BV Neubrandenburg, AU 147/51, Anlage 6, Gnadengesuch des Schwagers von Ernst Schmidt-Eggers vom 27.9.1954 an Ministerpräsident Otto Grotewohl.

96   BStU, MfS BV Neubrandenburg, AU 147/51, Anlage 7, Schreiben des Neubrandenburger Staatsanwalts Scheibe an den Direktor des Bezirksgerichts Schwerin, Genossen Schmiege, vom 31.3.1955.

97   Ebenda, Schreiben vom Direktor des Bezirksgerichts Rostock, Emil Schmiege, an Staatsanwalt Scheibe, Neubrandenburg, vom 12.4.1955.

98   Ebenda, BStU, MfS BV Neubrandenburg, AU 147/51, Anlage 7.

99   Ebenda, Schreiben des Neubrandenburger Staatsanwaltes Scheibe an den in Neubrandenburg lebenden Onkel von Ernst Schmidt-Eggers vom 4.1.1961.

100 BStU, MfS BV Neubrandenburg, AU 147/51, Anlage 11, Führungsbericht über den Strafgefangenen Kurt Kantak vom 11.4.1961.

101 Ebenda.

102 Ebenda.

103 Ebenda, Entwurf Führungsbericht über den Strafgefangenen Kurt Kantak vom 29.3.1961.

104 Ebenda, Schreiben des Leiters der Produktionsstätte Brandenburg des VEB Holzverarbeitungswerkes Burg vom 21.4.1961 betreffs der Rückberufung des Strafgefangenen Kurt Kantak.

105 Ebenda.

106 BStU, MfS BV Neubrandenburg, AU 147/51, Anlage 9, Führungsbericht für den Strafgefangenen Kurt Kantak vom 27.05.1963.

107 Ebenda, Anmerkung auf einem Aktenvermerk der Staatsanwaltschaft Neubrandenburg vom 15.12.1964 zum Fall Kurt Kantak, der am 6.1.1965 handschriftlich ergänzt wurde.

108 Ebenda, Aktenvermerk des Staatsanwaltes Guhr vom 2.4.1956 über den Besuch von Kantaks Schwester und Schwager in der Staatsanwaltschaft Neubrandenburg.

109 BStU, MfS BV Neubrandenburg, AU 147/51, Anlage 8, Schreiben von Paul Paschen vom 11.Oktober 1957 an den Generalstaatsanwalt Melsheimer.

110 Ebenda.

111 BStU, MfS BV Neubrandenburg, AU 147/51, Anlage 10, Führungsbericht für den Strafgefangenen Horst Paschen vom 21.08.1968.

112 Ebenda, Schreiben des Staatsrates der DDR, Ablehnung des Gnadengesuchs von Horst Paschen vom 10.10.1969.

113 Ebenda, Führungsbericht für den Strafgefangenen Horst Paschen vom 7.9.1970.

114 Mark der Deutschen Notenbank, Bezeichnung der DDR-Währung zwischen 01.08.1964 und 31.12.1967.

115 Ebenda, Führungsbericht des Strafgefangenen Horst Paschen vom 14.10.1966.

116 Ebenda, Abschlussbericht des Strafvollzugs vom 25.5.1971.

Fotos / Repros

Bundesarchiv/Zentralbild-Krüger: 102

Bundesbeauftragte für die Unterlagen des Staatssicherheitsdienstes der ehemaligen DDR (BStU: 48, 49, 50, 51, 53 (rechts), 55, 59, 92, 97, 98 (2)

Felizita Rinck: Collage 78/79

Gedenkstätte Berlin-Hohenschönhausen: 11

Helmut Borth: 16, 29, 61, 63, 64, 110

Jürgen Harder: 28 (oben), 62 (links), 66

Regionalmuseum Neubrandenburg: 13

Sammlung Helmut Borth: 7, 9, 20, 22, 23 (unten), 24, 27, 32, 36, 43 (unten), 46, 62 (rechts), 76, 80,

Sammlung Horst Beyermann (†): 18, 19, 23 (oben), 35

Sammlung Wolfgang Heintze: 68

Stadtarchiv Neubrandenburg: 10, 28 (unten), 43 (oben), 65

Stiftung Brandenburgische Gedenkstätten: 94

Stiftung Haus der Geschichte der Bundesrepublik Deutschland: 53 (links), 88

Wikipedia/Norbert Kaiser: 37

www.parow-info.de/Peter Knieschick: 60

Der Autor

1960 in Neubrandenburg geboren, ist Helmut Borth seit 1979 publizistisch tätig. Seit 2008 arbeitet er als freier Journalist und Autor, während er gleichzeitig als Inhaber bzw. Geschäftsführer Unternehmen im Wellnessbereich leitete. Von ihm erschienen bisher fast zwei Dutzend Bücher, die über Geschichten mit Geschichte von der regionalen Vergangenheit Mecklenburgs und der Uckermark erzählen bzw. besondere Reiseziele in Mecklenburg-Vorpommern präsentieren.

200 Jahre Schöne Aussicht

Fast 250 Jahre kennen die Neubrandenburger Belvedere. 1775 im Fachwerkstil als herzogliches Sommerhaus für Dörchläuchting erbaut, wurde es nach seinem Abriss 20 Jahre später und einem Wiederaufbau in der Innenstadt erst ein Stadtpalais, dann ein Lazarett, Freimaurerdomizil, später Gartenrestaurant und Tanzpalast, ein Kriegsgefangenenlager bzw. ein SA-Sturmlokal. Dann verging das erste Belvedere in den Flammen des Zweiten Weltkrieges.

Am Hochufer von Broda entstand 1822 am gleichen Platz ein neues Belvedere. Eine junge kunstsinnige und wanderlustige aus Hessen stammende Großherzogin ließ durch den Schinkelschüler und Mecklenburg-Strelitzer Hofbaumeister Friedrich Wilhelm Buttel einen Tempel der Liebe im klassizistischen Stil errichten, um ihn als Teehäuschen zu nutzen.

Gut hundert Jahre später gestaltete Professor Heinrich Tessenow das der Neuen Wache in Berlin ähnelnde Sommerschlösschen ebenso zu einem Ehrenmal für die Gefallenen des Ersten Weltkrieges, wie er es zuvor mit dem berühmten Schinkelbau in der Hauptstadt getan hatte.

Weil in DDR-Zeiten Geld und Kapazitäten fehlten, aus Belvedere eine Freilichtbühne zu machen, besitzen die Neubrandenburger heute einen romantischen Eheschließungsort, der unter den Top 50 von fast 15.000 solcher Adressen in Deutschland zu finden ist, und einen einzigartigen Platz für einen traumhaften Blick über den TOLLEN(se)SEE.

100 Seiten, zahlreiche historische Abbildungen, ISBN-13: 9783735750846, Verlag: Books on Demand